_____ 님을

축복합니다!

공진우

메시지 테라피

당신이 하나님을 더 깊이 알아 가고 더 널리 알리는 사람이 되는 것, 이 책에 담긴 예수전도단의 마음입니다. 말씀을 통해 저자가 깨닫고, 원고를 통해 저희가 누릴 수 있었던 그 감동이 책을 통해 당신에게도 전해지기 원합니다. 그리고 당신을 통해 그 기쁨과 은혜가 더 많은 이들에게 계속해서 흘러가기를 기도하겠습니다. 이 책을 통해 당신이 받은 은혜를 다른 분들에게도 나눠주십시오. 사랑하고 축복합니다.

ⓒ 공진수, 2015

본 저작물의 한국어판 저작권은 도서출판 예수전도단에 있습니다.
저작권법에 의해 보호받는 저작물이므로 무단 전재와 복제를 금합니다.

마음을 만지고 삶을 변화시키는 하나님의 말씀, 그분의 메시지

메시지 테라피

공진수 지음

예수전도단

감사의 글

『메시지 테라피』를 출간하게 하신 하나님께 감사와 영광을 드립니다. 이 책은 하나님이 은총으로 인도하신 저의 목회사역 20년, 상담사역 20년의 요약판이라 할 수 있습니다.

이 책을 읽는 모든 분들이 하나님이 말씀 안에 감추어 놓으신 진귀한 보물들을 발견하고 구원의 능력을 얻어, 삶의 희망과 행복을 누리시길 진심으로 기원합니다.

부족한 글이 나오기까지 아낌없는 격려와 든든한 지원, 묵묵한 인내로 가정을 잘 지켜 준 아내와 아들, 그리고 딸에게 감사를 전합니다. 늘 한결같은 마음으로 부족한 목회자를 응원해 주시고 격려해 주시는 목양교회 모든 가족들, 책이 나오기까지 정성을 담아내신 예수전도단 편집부에게도 감사의 인사를 전합니다.

책을 받아 읽는 모든 분들의 삶 속에 놀라운 영적 채움과 회복이 임하시기를 소망합니다.

2015년 12월
공진수

차례

프롤로그 | 메시지는 테라피(therapy)다   009

1부 | '메시지'가 나를 찾아오다

1. 사람이 메시지와 만날 때   023
2. '고통'이라는 폭주 기관차   037
3. '아픔'은 무섭지만, '메시지'는 강하다   057
4. 메시지 테라피 포인트 세 가지
   _ 위로하라, 길을 내라, 선포하라!   069
5. 최강 메시지 _ 나는 여호와로라!   097

2부 | '메시지'로 나를 찾다

6. 태초에 메시지가 있었다   119
7. 메시지 테라피 워밍업   127
8. 메시지가 채워질 때   147
9. 메시지 속에 '당신'이 있다   163
10. 온전히 회복된 나를 만나다   181

에필로그   207

프롤로그

메시지[1]는 테라피(therapy)[2]다

스무 번 가출한 열여섯 살 청소년이 있었다

학교 등교를 계속 거부하고, 가족치료 상담소, 청소년 상담소, 전화 상담소 등을 거치면서 상담자와 상담에 대해 이미 익숙한 경험을 가지고 있는 학생이었다. 교정위원이나 상담 선생님을 만날 때면, 본인의 잘못을 시인하고 다시는 가출하지 않을 것을 다짐하고 또 다짐한다. 그러나 반성문을 쓰고 집으로 돌아간 뒤에는 어김없이 또 다시 가출

---

[1] 이 책에 등장하는 용어 "메시지"(the Message)는 '첫째 성경을 포함한 하나님의 살아있는 말씀, 둘째 말씀으로 창조된 피조 세계의 모든 자연만물, 셋째 인간 사회에 계시된 하나님의 건강한 모든 자원들'로, 일반 커뮤니케이션에서 사용하는 '메시지'라는 용어와 차별화하기 위해 영문 대문자 "메시지"(the Message)로 사용한다.

[2] "메시지 테라피"(the Message Therapy)란 "전문훈련을 받고 교회의 위임을 받은 리더가, 상실한 메시지로 인해 도움을 필요로 하는 개인, 부부, 가족, 공동체, 사회체계를 대상으로, 성경과 신학, 행동과학과 의학적 자원들 안의 감추어진 메시지(the Message)를 획득하게 하고 이를 활성화시켜, 전인적 건강의 회복과 성장을 돕는 총체적 시도와 노력"이라 정의한다.

하는 상습 가출 학생이었다. 교사도, 부모도, 전문 상담가도 포기한 소년이 어느 날 한 교수를 만나 한 가지 질문을 받는다.

애, 너는 어떻게 열아홉 번이나 다시 집에 들어갔니?

스무 번 가출은 문제 상황이지만, 열아홉 번 돌아온 상황은 해결 가능성이 있는 상황이었다. 스무 번 가출은 부정적이고 절망의 사건이지만, 열아홉 번 귀가는 긍정적이고 희망의 사건이었다.

질문을 받은 소년은 곰곰 생각했다. 이미 자신도 포기한 자신의 인생에 긍정과 희망의 영역을 들추어낸 이 교수에 대한 막연한 신뢰와 기대가 생겼다. 그 이후 소년은 달라졌고, 약 2년간의 상담 끝에 새 인생을 살게 되었다. 지금은 대학을 졸업 후 직장에 출근하며 성실한 삶을 잘 살아가고 있다.

한 문장의 강력한 메시지 안에는 한 사람의 인생을 역전시키는 놀라운 회복의 기능이 있다.

메시지는 테라피이다.

---

3 빅터 프랭클(Viktor E. Frankl, 1905-1997) 실존주의자, 의미치료(Logotherapy) 창시자.

어느 날

나이 지긋한 의사 한 분이 심한 우울증을 치료하게 위해 빅터 프랭클[3]을 찾아왔다. 의사는 2년 전에 아내를 잃었는데, 세상 누구보다 아내를 사랑했던 그는 아내를 잃어버린 깊은 슬픔에서 헤어나지 못했다. 깊은 상실감으로 우울증에 시달리는 의사를 향해 프랭클은 이런 질문을 던졌다.

선생님! 만약 상황이 반대로 되어 선생님께서 먼저 돌아가시고 선생님의 부인께서 지금 선생님처럼 남아서 살아 계셨다면 어떻게 되었을까요? 만약, 아내분이 선생님의 지금의 고통을 겪으신다면 어떠셨을까요?

의사가 입을 열었다.

오! 그녀에게 있어서 내가 먼저 죽는다는 것은 너무나 끔찍한 일이죠.

프랭클은 이어 질문했다.

만약 부인께서 남아 계셨다면 지금의 선생님처럼 견뎌 내실 수 있었을까요?

의사는 대답했다.

아니에요. 이런 끔찍한 고통을 연약한 그녀가 어떻게 견뎌 낼 수 있었겠소?

그러자, 프랭클이 대답했다.

그렇습니다. 선생님. 선생님께서는 지금 부인이 겪을 수 있는 고통을 대신하고 계신 겁니다. 더구나 부인의 그와 같은 고통을 모면케 해주신 것은 선생님이십니다. 선생님께서 살아남으시고 그녀를 애도함으로써 그 대가를 치르게 되었으니까요!

의사는 우울증에서 곧 회복되었다.
메시지는 아주 강력한 테라피이다.

상황은 점점 깊은 어둠 속을 향해만 갔다

엄청난 분노가 여인과 예수님을 향한 공격에 집중되고 있었다. 누구든 죽일 기세였다. 정교하고 치밀한 함정에 빠진 간음한 여인과 예수님은 불쌍한 희생양이 되고 있었다. 돌파구가 없어 보였다. 철저히 준비된 정교한 덫이었기 때문이었는지, 음모자들은 기세등등했다. 성난 군중은 이유도 모른 채 저마다 큼지막한 돌을 높이 쳐들고, 현장에서 잡혀온 여인을 향해 살기를 뿜어내고 있었다. 어떠한 희망도 찾을 수 없는 절체절명의 위기상황이었다.

너희 중에 죄 없는 자가 먼저 돌로 치라!

살기 가득한 공간을 가르며, 예수님의 차분하고도 묵직한 한마디가 팽팽한 긴장을 무너뜨렸다. 긴말이 필요 없었다. 복잡하고, 답답하고, 암울하고, 절망적인 어둠의 향연은 단 한마디의 선언으로 완벽하게 정리되었다. 칼날같이 예리하고, 폭풍처럼 강력하고, 엄마처럼 포근한 주님의 강력한 한 줄 메시지였다.

너희 중에 죄 없는 자가 먼저 돌로 치라!

참으로 기막힌 말씀이다. 이율배반적인 모순된 질문에 말문을 막아 버리는, 치밀하지만 치졸한 오랜 음모에 쐐기를 박는 통쾌하고 후련한 답변이셨다.

이 말씀은 간음을 저지른 여인의 죄가 무죄라는 말이 아니었다. 또, 간음한 여인을 돌로 쳐 죽여야 한다는 구약의 율법이 잘못되었다는 말도 아니었다. 그러면서도 여인을 용서하지 않을 수 없는 사랑의 메시지, 간교한 흉계를 꾸몄던 모든 사람들이 자신의 죄를 인정하게 만드는 정의의 메시지, 모든 분노와 악과 살인과 죽음의 화살에 강력한 브레이크를 거는 율법과 사랑을 통합한 완벽한 사랑의 메시지였다.

메시지는 기적의 테라피이다.

출산의 고통 앞에서

누구나 그러하겠지만, 개인적으로 나의 어머니와 아내를 비롯한 이땅의 모든 어머니들을 존경한다. 출산의 고통을 겪은 이땅의 모든 어머니들 말이다. 그중 특히 아이를 2명 이상 낳은 모든 어머니들을 나는 몹시 존경한다. 내가 그들을 특히 존경하는 이유는 다름 아닌 '출산의 고통' 때문이다.

어느 날, 출산 때 어머니들이 겪게 되는 고통의 강도가 얼마나 큰지에 대한 자료들을 찾아보았다. 다양하고 실제적인 표현들 중, 가장 충격적이면서 실제적 고통이 느껴지는 표현을 찾아냈다. 다음의 문장이었다.

여성의 출산의 고통은 2톤 정도의 무게가 나가는 화물 트럭이 자신의 몸을 치고 지나가다가 몸 위에 멈춘 후, 온몸의 뼈들이 산산조각이 나고, 혈관이 터져 나갈 때 느끼는 고통과 같다.

나는 아직 교통사고로 차에 치어본 적이 없다. 그러나 2톤 트럭이 몸 위로 지나가다 멈춘 고통이란 표현의 글을 읽는 순간, 온몸에 소름이 돋았다. 마치 내 자신이 커다란 트럭에 깔려 온몸이 바스러지는 듯한, 모든 혈관과 내장이 터지는 듯한 극한의 고통, 상상을 초월한 극도의 고통이 느껴졌기 때문이다. 그러면서 생각하게 되었다.

이 극단의 고통을 경험한 어머니들이 어떻게 또 둘째 아이를 낳을 생각을 하게 되었을까? 도대체 그 힘과 용기의 원천은 무엇일까?

2001년 9월 11일 뉴욕 맨해튼, 세계무역센터 테러 당시

경악과 울분, 두려움과 공포로 가득했던 대 참사의 현장에는 크게 두 부류의 사람이 있었다. 세계무역센터에 비행기가 충돌한 후 건물이 붕괴되고 있는 절박한 현장에, 한시라도 빨리 그 주변을 벗어나 생명의 위협으로부터 벗어나고자 본능적으로 도망가던 대부분의 사람들이 그 한 부류였다.

그런데, 무너지는 빌딩을 피해 우르르 도망가는 많은 무리들을 헤치고, 오히려 무너지는 빌딩을 향해 돌진하는 정신 나간(?) 일단의 무리들이 있었다. 911구조대원들과 소방관들이었다. 이들은 생명을 위해 필사적으로 달아나고 있는 대부분의 사람들을 헤치고, 곧 붕괴가 일어날 참사의 현장으로 뛰어들었다.

이 장면이 상상이 되는가? 한시라도 빨리 아수라장이 된 죽음의 현장을 탈출하기 위해 수천의 무리들이 필사의 힘을 다해 달아나는 위기의 현장을 헤집고, 자신의 생명을 보장받을 수 없는 최악의 참사 현장으로 뛰어들어가는 수십 명의 구조대들의 모습을 말이다.

나는 몹시 궁금하다.

도대체 무엇 때문일까? 이들은 머릿속에 어떤 생각을 품고 있기에, 이토록 무서운 대 참사 앞에 죽음을 거스르는 거대한 용기를 낼 수 있었을까? 온몸이 바스러질 것 같은 극한의 고통을 경험한 어머니들은 어떻게 둘째 아이를 출산할 각오를 할 수 있으며, 죽음을 무릅쓰고 죽음의 현장으로 전력 질주할 수 있었을까? 도대체 무엇이 이들에게 거스를 수 없는 생존의 본능을 뛰어넘는 의지와 행동을 보이게 했을까? 죽음을 넘어 죽음을 불사하고, 생명을 바쳐 돌진할 수 있는 용기의 정체는 도대체 무엇일까?

'사랑' 그리고 '사명'

이 두 사건 안에는 사랑과 사명이라는 두 가지 핵심 메시지가 숨어 있다. 사람은 사랑에 목숨을 걸고, 사명에 목숨을 건다. 사람은 죽을 만큼 사랑하는 사람을 만날 때, 죽어도 좋을 만큼 일하고 싶은 사명을 만날 때, 죽음을 넘어서는 강력한 슈퍼 에너지를 낸다.

사랑은 죽음보다 강하고, 사명 역시 죽음보다 강하다. 사람은 불꽃 같은 사랑, 바꿀 수 없는 소중한 사랑에 기꺼이 목숨을 바칠 수 있다. 동시에 사람은 죽어도 좋을 만큼 가치 있는 사명에 기꺼이 목숨을 바칠 수 있다.

이 '사랑'과 '사명'을 깨닫게 하는 통로가 바로 '메시지(The Message)'이다. 사람은 메시지를 통해 사랑을 깨닫고, 메시지를 통해 사명을 깨닫는다.

얼굴 얼굴들

사람들의 얼굴을 관찰하면 할수록 두 가지 재미있는 사실을 발견한다.

첫째, 모든 사람의 얼굴은 놀라울 정도로 아름답다.
미인과 미남의 구분과 기준이 시대와 문화에 따라 차이가 있겠지만, 누구든 그 얼굴을 자세히 뜯어보면, 눈은 눈대로, 입은 입대로, 코는 코대로, 손은 손대로 각기 모두 아름답다. 믿기 힘들다면 지금 당장 거울 앞에 서서 자신의 얼굴을 자세히 관찰해 보라. 사람들은 모두 아름답다. 모든 사람 안에는 충분히 사랑받을 만한 아름답고 사랑스러운 멋진 모습이 숨어 있다.

둘째, 모든 사람의 얼굴은 아픔과 고통이 묻어 있다.

심지어 아이들도 그렇다. 그 인생의 연배를 살아온 만큼, 실패와 좌절을 경험한 만큼, 다치고 아프고 넘어졌던 만큼, 놀라고 당황했던 만큼, 얼굴에는 아픔과 고난의 그림자가 드리워져 있다. 그래서 얼굴을 통해 그 사람의 삶이 그리 평탄하지만은 않았음을, 그 사람도 예외가 아니었음을, 그 사람도 헤쳐 나가야 할 버거운 짐이 있음을 발견하게 된다.

그러면서 생각하고 꿈꾸게 되었다.

고통과 시련의 늪을 건넌 이들의 모습이 이 정도로 아름다운데, 망가지지 않은 원래의 모습은 얼마나 아름다울까?

원래는 얼마나 더 해맑고 멋진 모습이었을까?

스트레스가 없었더라면, 불행했던 그 사건을 겪지 않았더라면, 받지 않아도 될 상처와 희생을 치르지 않았더라면 얼마나 더 깨끗하고 순수한 모습이었을까?

바야흐로 메시지의 시대이다.

길거리에서, 지하철에서, 강의실에서, 가정에서 사람들은 온통 메시지를 뒤적인다. 수많은 SNS들은 사람들의 시선을 사로잡기 위해 전쟁을 치르고 있다.

매일 사람들은 어떤 메시지를 기대할까?

매일 사람들은 어떤 메시지를 보내고 싶어 할까?

인생이 온통 고통이라고 생각하는 사람들에게 희망의 메시지를 전해 줄 수 있다면 얼마나 좋을까?

아프고 힘들고 서럽고 무서워 힘겹게 살아가는 사람들의 짐을 덜어주고 좀 더 자유롭고 평안한 소망을 주는 메시지가 있다면 얼마나 좋을까?

그런 의미에서 메시지는,

정보를 넘어 테라피의 기능을 하는 최고의 치료제이다.

그런 의미에서 메시지는,

생각을 넘어 테라피의 기능을 하는 최고의 소망이다.

그런 의미에서 메시지는,

단순한 말의 기능을 넘어서는 최고의 행복 그 자체이다.

최강 메시지 - 나는 여호와로라!

메시지 테라피 포인트 세 가지
위로하라, 길을 내라, 선포하라!

'아픔'은 무섭지만, '메시지'는 강하다

'고통'이라는 폭주 기관차

사람이 메시지와 만날 때

1부

'메시지'가 나를 찾아오다

01

사람이
메시지와 만날 때

오! 하나님 이러실 수가!

2010년 12월.

밴쿠버 온누리교회 사역을 마칠 무렵, 교회로부터 두달 간의 휴가를 받았다. 귀하게 받은 휴가이고 북미 지역에서 받은 휴가라 어떻게 사용할지를 고민하다가, 일단 뉴욕에서 3주간을 보내기로 했다. 멋진 뉴욕 시내 전경들을 즐기면서 특히 좋아하는 뉴욕 브로드웨이 뮤지컬 〈오페라의 유령〉과 〈메리 포핀스〉, 당시 초연이었던 〈스파이더 맨〉 등을 마음껏 볼 수 있어 정말 행복했다. 브로드웨이의 뮤지컬 가수들의 노래 실력도 실력이지만 연기력과 무대장치, 조명, 오케스트라 등 그 어느 것 하나도 놓칠 수 없는 매력적이고 탁월한 작품들이었다. 뮤지컬을 보는 내내 놀라움을 금치 못했다.

그러나 뉴욕에서 보낸 3주 동안 내게 가장 잊을 수 없는 감동을 준 것은 뉴욕 전경이나 브로드웨이 뮤지컬이 아니었다. 주일 오전, 브루클린 터너버클 교회에서 드린 주일 예배였다. 주일 오전 10시경 예배시간보다 일찍 도착하여 교회 안으로 들어갔다. 오페라 하우스를 개조한 4000석 본당이 시야에 들어왔고, 벌써 반 이상의 자리에 사람들이 앉아 기도하는 모습이 보였다.

본당 안으로 들어서는 순간, 엄청나게 강한 주님의 임재가 느껴졌다. 충만한 기운이 그 온 예배당을 덮고 있었다. 사람들의 기도 때문일까? 담임 목회자 짐 심발라 목사님 영성의 영향일까? 브루클린 지역의 험난한 세월과 역경을 극복해 낸 영적 연단의 결과일까? 알 수 없는 강하고 거룩하며 충만한 임재가 내 영을 감싸고 있음을 느꼈다.

얼마 후, 내 몸의 2배가 넘는 큰 덩치에, 검은색 선글라스를 낀 예배 인도자가 등장했다. 나중에 알고 보니 목사님이셨다. 예배가 시작되었다. 악기 연주자의 활기찬 연주로 찬양이 시작되자, 여기저기서 흑인 할머니들이 몸을 흔들며 일어나 춤을 추기 시작했다. 충만한 찬양의 분위기 속에 내 몸과 마음, 내 영도 들썩거리기 시작했고, 곧 깊은 찬양의 임재 가운데로 빨려들어갔다.

찬양이 시작된 지 20여 분이 지났을까? 예배 인도자가 모르는 흑인 영가 한 곡을 시작했다. 처음 듣는 곡이었지만 단순한 멜로디와 쉬운 가사여서 금방 따라할 수 있었다. 찬양이 깊이 이어지는 어느 순간, 인도자가 찬양의 한 소절을 계속 반복하고 또 반복했다. 반복이 빨라지며 비트가 강해졌고, 찬양 인도자의 목소리도 고조되었다. 어느 순간 한 구절의 가사가 '훅' 하고 내 영혼 깊은 곳에 파고들었다.

Oh Lord, Wash My Sin…(오 주여! 내 죄를 씻어 주옵소서!)

'윽~' 하는 비명과 함께 내 눈에서 눈물이 '왈칵' 쏟아져 내렸다. 한 동안 말라 있던, 내 영혼 깊은 곳에서 뜨거운 눈물샘이 터졌다. 한 번 터져 버린 눈물은 멈추지 않았다. 아니 멈출 수 없었다. 멈추고 싶지도 않았다. 주체할 수 없을 정도로 뺨을 타고 눈물이 흘러내렸다. 울면 울수록 가슴이 벅차오르기도 하고 또 한편으로는 가슴이 미어졌지만, 이상할 만큼 내 영은 깃털처럼 가벼웠다. 마음속에 묵직했던 그 무엇인가가 떨어져 나가는 느낌이었다. 눈물은 곧 통곡으로 변했다. 어느 새 나는 '꺼이꺼이~' 하는 비명에 가까운 소리를 내며 기도하기 시작했다.

오~ 하나님!
오~나의 주, 나의 왕 나의 하나님
어떻게 이런 일이…
오 나의 하나님!
나를 용서해 주세요! 내 죄를 씻어 주세요!

입에서는 이런 기도가 반복해서 흘러나오고 있었다. 참으로 오랜만에 흘리는 깊은 눈물이었다. 참으로 오랜만에 토해 내는 깊은 애통이고, 통곡이었다. 입술과 몸, 마음은 무엇인가를 토해 내듯 아프고 고통스러운데, 내 영혼은 한없이 가볍고 자유로웠다.

그래. 이젠 좀 정신을 차려야 한다. 진정하자.
그래도 주일 예배이지 않은가?
그래도 마음을 가다듬고 정숙하고 단정하게 예배해야 한다.

어느 정도 시간이 흐르면서 이런 생각이 들었고, 호흡을 가다듬고 눈물을 닦고, 마음을 진정시킨 후 예배를 드리기 위해 눈을 떴다. 시계를 보니 약 20분 정도의 시간이 지났다. 그런데 눈을 뜨자 눈앞에는 새로운 광경이 펼쳐지고 있었다. 나만 그런 일을 겪은 것이 아니었다. 내가 기도에 깊이 몰입하고 있는 사이, 다른 사람들에게도 동일한 현상이 벌어지고 있었다. 내 옆의 중국 할머니는 아예 기절해 바닥에 쓰러져 계셨다. 내 앞쪽에 앉은 인도 할머니는 일어서서 고개를 들고 오른 손을 높이 올리고 멈춘 듯이 서 계셨는데 두뺨을 타고 눈물이 하염없이 흘러내리고 있었다. 여기저기서 오열하는 사람, 큰 소리로 우는 사람, 기절하는 사람, 신나서 찬양하는 사람들로 가득했다.

오 하나님. 이러실 수가,
어찌 이러실 수가 있죠?

주일 오전 예배, 이렇게까지 성령의 강력한 임재 가운데 예배드리는 교회는 처음 보았다. 하나님의 영이 너무도 강력하게, 한 사람 한 사람의 가슴과 심장과 심령과 골수를 찔러 쪼개고 있었다. 이런 예배가 있다니, 예배 현장에서 참석한 사람들이 영혼이 부서지고 으깨지고, 돌이키고, 회복될 수 있다니…. 놀랍고도 경이로우며, 충격적인 예배였다. 하나님께 기도드렸다.

하나님, 저도 이런 예배를 드릴 수 있게 해 주세요!
제가 목회하는 교회에도 이런 예배를 드리게 해 주세요!
제가 인도하는 예배에도 이런 성령의 놀라운 은혜가 있게 해 주세요!

몇 년이 지난 지금도, 그때 드렸던 예배가 너무도 생생하다. 그 예배만 생각하면, 가슴이 뭉클하고 온몸에 전율이 일어난다. 이런 생각이 들었다.

하나님과 사람이 충돌하면 이렇게 되는 것이구나.
하나님과 사람이 충돌하면 사람은 살아남을 수 없겠구나.
죄인과 하나님이 충돌하면 죄인이 살아날 수 없겠구나!

인간의 더러운 죄는 하나님의 거룩하심을 오염시킬 수 없다. 이는 마치 거대한 태양 앞에 더러운 한 줌의 먼지와 같다. 더러운 한 줌의 먼지는 결코 태양을 더럽힐 수 없다. 아니, 태양 앞에 가까이 가기도 전에 타들어가 소멸된다. 태양의 불꽃이 워낙 강력하기 때문이다.

더러운 죄인은 결코 하나님 앞에 설 수도, 다가갈 수도 없다. 죄인이 하나님 앞에 서면 더러운 죄가 소멸되지, 하나님이 더러워지지 않으신다. 그렇다. 어떤 인간도 하나님을 이길 수 없다. 어떤 죄도 하나님의 것을 변질시킬 수 없다. 이것이 말씀의 회복 원리이며, 메시지 테라피의 원리이다.

죄와 상처로 얼룩진 인간과 하나님이 만나면, 즉 하나님과 거룩한 충돌을 일으키면 죄인이 변화된다. 악으로 더러워진 흉악한 죄인에게 거룩한 말씀이 임하면, 그 죄인은 의인으로 회복된다. 이것이 메시지 테라피의 회복 원리이다.

> [35] 누가 우리를 그리스도의 사랑에서 끊으리요 환난이나 곤고나 박해나 기근이나 적신이나 위험이나 칼이랴 [36] 기록된 바 우리가 종일 주를 위하여 죽임을 당하게 되며 도살 당할 양 같이 여김을 받았나이다 함과 같으니라 [37] 그러나 이 모든 일에 우리를 사랑하시는 이로 말미암아 우리가 넉넉히 이기느니라 [38] 내가 확신하노니 사망이나 생명이나 천사들이나 권세자들이나 현재 일이나 장래 일이나 능력이나 [39] 높음이나 깊음이나 다른 어떤 피조물이라도 우리를 우리 주 그리스도 예수 안에 있는 하나님의 사랑에서 끊을 수 없으리라(롬 8:35-39)

그렇다.

그 어떤 것도 우리를 사랑하시는 하나님의 사랑에서 끊을 수 없다. 그 어떤 것도 인간을 사랑하시는 하나님의 사랑을 막을 수 없다.

그 어떤 것도 인간을 회복시키려는 하나님의 메시지를 방해할 수 없다.

충돌은 충격을, 충격은 돌파(Breakthrough)를

사도행전 9장에는 사울의 회심 사건이 등장한다. 사울이라는 사람에게 주님을 만나는 일생일대의 대 전환점에 대한 기록은 그의 간증을 통해 사도행전에 세 번이나 더 기록된다.

> [3] 사울이 길을 가다가 다메섹에 가까이 이르더니 홀연히 하늘로부터 빛이 그를 둘러 비추는지라 [4] 땅에 엎드러져 들으매 소리가 있어 이르시되 사울아 사울아 네가 어찌하여 나를 박해하느냐 하시거늘 [5] 대답하되 주여 누구시니이까 이르시되 나는 네가 박해하는 예수라 [6] 너는 일어나 시내로 들어가라 네가 행할 것을 네게 이를 자가 있느니라 하시니

다메섹 도상에서 갑자기 강력한 빛이 비추어 바울을 둘러싼다. 바울은 말에서 떨어져 고꾸라진다. 틈을 주지 않고 주님은 바울에게 엄청난 충격파를 가하신다. 하늘의 음성을 통해 그의 이름을 부르시며, 그를 심하게 꾸짖으신다.

사울아 사울아 네가 어찌하여 나를 박해하느냐?

바울 역시 보통 사람이 아니었다. 충격을 받고 말에서 떨어졌음에도, 곧바로 정신을 차리고 정체 모를 거대한 소리를 향해 이렇게 반격한다.

주여 누구십니까?

그래도 여기까지는 괜찮았다. 그러나 그 뒤를 이은 음성은 바울의 인생을 완전히 무너뜨리고 말았다.

나는 네가 핍박하는 예수다.

하나님은 바울보다 강하셨고, 메시지의 능력은 바울을 훨씬 능가했다. 예수님은 바울의 인생을 돌이킬 강력한 메시지를 그 자리에서 던지셨다. 바로 바리새인 열심당원 사울을 하나님의 사도로 부르시는 **메시지**(The Message)를.

나는 네가 핍박하는 예수다.

이 단순한 메시지가 바울의 전 인생을 뿌리째 흔들었다. 짧고 간결한 한마디 문장은 바울의 전 존재, 전 인격, 경험, 사고, 기억, 세계관, 종교관, 인간관 등 그의 총체적인 가치관을 뒤흔들었다.

⁸ 사울이 땅에서 일어나 눈은 떴으나 아무것도 보지 못하고 사람의 손에 끌려 다메섹으로 들어가서 ⁹ 사흘 동안 보지 못하고 먹지도 마시지도 아니하니라

사울의 상태는 요즘 유행하는 말로, '멘붕' 바로 그 자체였다. 너무나도 엄청난 큰 충격에 전 인격이 '얼음 덩어리'가 되었다. 눈을 떴으나 볼 수 없었다. 더 이상 인간의 소리는 들리지 않았다. 다른 사람의 부축을 받고 움직여야 할 정도로 온몸에 모든 힘이 빠져나갔다. 먹을 수도, 마실 수도 없었다. 잠을 잘 수도, 음식을 소화시킬 수도, 생각을 할 수도 없었을 것이다. 아무 생각도, 느낌도, 감정도 가질 수 없었을 것이다.

무아(無我)

나 자신이 완전히 사라져 버린 상태.
나 자신이 완전히 소멸된 상태. 바로 무아(無我) 상태였다.
하나님의 온전하고 충만한 임재로 모든 것이 '정지'된 '멈춤' 상태가 되었다.

사람이 하나님을 정통으로 만나면 이런 일이 생긴다. 충돌은 충격을 일으킨다. 사람과 하나님이 만나면 하나님은 멀쩡하시지만, 사람은 박살난다. 산산조각나서 흔적도 없이 사라진다. 하나님을 경험하는 것

은 이렇게 강력하다. 놀랍지 않은가? 말씀의 능력, 메시지의 힘은 이렇게 강력하다.

하나님을 만난 충격은 바울의 삶을 바꾸어 놓았다.

바울은 이제 그리스도의 사람으로 변하여 거듭난 새 삶을 살기 시작한다. 예수님과 복음으로 충만해진 바울은 세상 권세를 돌파해 나가기 시작한다. 하나님을 만남으로 세상을 능가할 힘을 얻었기 때문이다.

충격은 돌파를 일으킨다. 거룩한 충격을 받은 사도바울은 거침없이 고대 근동 지역의 대 도시들을 복음으로 점령해 나갔다. 이것이 바로 메시지의 힘이며, 복음의 힘이다.

사도행전을 읽다 보면, 가끔씩 섬뜩한 구절들이 등장한다.

> 유대인들이 안디옥과 이고니온에서 와서 무리를 충동하니 그들이 돌로 바울을 쳐서 죽은 줄로 알고 시외로 끌어 내치니라(행 14:19)

바울처럼 복음 사역에 고난을 많이 받은 사람도 없다. 바울이 받은 고난은 우리의 상상을 뛰어넘는 엄청난 고난이었다.

현재, 바울은 루스드라에 있다.

1차 전도여행 때 개척한 루스드라, 이고니온, 안디옥 교회를 다시 방문해서 돌아보는 사역을 펼치고 있었다. 양육은 한 번 잘했다고 끝나는 게 아니다. 성도의 믿음은 지속적인 돌봄이 필요하다. 바울은 자신이 세운 루스드라 교회를 다시 방문하여, 그곳 성도들의 믿음과 삶을 돌아보는 목양사역을 하고 있었다. 그런데 이곳까지 바울을 핍박하기 위한 난폭한 원정대가 도착했다. 안디옥과 이고니온에서부터 바울을 추적해 왔던 유대인들이 여기까지 찾아온 것이다.

이 난폭한 원정대는 얼마나 적극적으로 바울을 죽이려고 했는지, 먼 거리 지역에서 배를 타고 와서 바울을 공격하는 무리들도 있었다. 두 도시에서 사람들이 몰려와 바울을 포위하여 대적한다. 누군가 나를 공격하는데, 먼 거리까지 추격해 와서 보복하는 사람들을 경험해 보았는가? 이것처럼 끔찍하고 무서운 일은 없다. 더군다나 나는 그들에게 직접적인 피해나 어려움을 준 일이 전혀 없다. 그저 예수 그리스도의 복음을 순수하게 전했을 뿐이다. 그런데 전혀 알지도 못하는 사람들이 난데없이 여러 곳에서 몰려와 거친 돌을 들고 사정없이 바울의 몸을 가격했다. 방어할 틈도 없고 피할 여유도 없는, 기습공격의 강력한 테러를 가했다. 그것도 같은 하나님을 믿는 신앙인들로부터 말이다.

성경은 바울이 얼마나 크게 공격 받았고, 심각하게 다쳤는지를 정확히 기록한다. 사람들은 바울이 돌에 맞아 죽은 줄 알고 그 시신을 가져다가 외곽지역에 버렸다. 그만큼 바울은 처참하게 두들겨 맞았다. 돌 한두 개를 맞은 것이 아니었다. 수십, 수백 개의 거친 돌이 연약한 바울의 얼굴과 머리, 온몸을 가격했을 것이다. 바울의 뼈를 으깨고 내장을 파열시켰으며, 눈과 입술, 머리가 찢어지고 깨졌을 것이다. 바울은 죽을 만큼 맞아 기절했으며, 사람들은 바울의 시신을 외곽지역에 버렸다.

그 다음 장면은 참으로 눈물겹다.

그렇게 죽도록 얻어맞은 바울은 겨우 의식을 회복하여 다시 깨어난다. 죽은 줄만 알았던 바울은 다시 깨어났다. 죽을 만큼 맞았으니 온몸의 상처는 얼마나 깊었겠는가? 빨리 의사에게 데려가 진찰받고 입원해서 치료받아야 할 상태였을 것이다. 폭행을 당한 사람은 몸만 다치지 않는다. 바울의 마음의 상처 또한 얼마나 컸을까? 수십 개의 돌멩이가 자신을 향해 날아오는 죽음의 공포는 쉽게 사라지지 않는 강하고 끔찍한 기억이다. 끔찍한 테러의 공포와 살해의 위협을 당한 바울은 한동안 절대 안정을 취해야 할 만큼 매우 연약한 상태였을 것이다.

그런데, 정신을 차린 바울은 다른 성으로 가서 복음을 전한다.

[20] 제자들이 둘러섰을 때에 바울이 일어나 그 성에 들어갔다가 이튿날 바나바와 함께 더베로 가서 [21] 복음을 그 성에서 전하여 많은 사람을 제자로 삼고 루스드라와 이고니온과 안디옥으로 돌아가서(행 14:20-21)

다시 벌떡 일어난 바울은 바나바와 함께 더베로 떠나, 다시 복음 전도의 현장에 선다. 또 다시 돌에 맞아 죽을 수도 있는 그 현장으로 다시 나아갔다. 도대체 누가 이 사람을 말릴 수 있겠는가? 복음을 향한 바울의 무서우리만큼 강한 의지는 도대체 어디서 나온 것일까? 바울은 도무지 무서운 게 없다. 돌 맞는 일도, 온몸이 만신창이가 되는 일도, 죽음도 두렵지 않다. 죽일 테면 죽여 보라는 각오다. 아무도 그를 말릴 수가 없다. 아무도 그를 멈출 수 없다.

거룩한 충격은 위대한 돌파를 일으킨다.

하나님의 메시지는 복음의 사람들을 강하게 만든다. 이것이 메시지의 위력이다. 메시지는 현장을 돌파할 수 있는 능력, 현장을 뛰어넘을 수 있는 능력, 현장을 극복할 수 있는 능력이 있다. 반대가 아무리 많아도, 아무리 공격이 거세도 물러날 수 없다. 아무리 적이 강해도 무서워하지 않는다. 넘어져도 또 다시 일어난다. 돌을 던지면 맞는다. 쓰러진다. 버려진다. 그리고 다시 벌떡 일어난다.

바로, 이것이 하나님의 힘이요, 강력한 말씀의 힘이요, 메시지 안에 숨어 있는 비밀의 힘이다. 메시지 안에는 이토록 놀라운 세상 돌파의 능력, 세상 극복의 힘이 숨어 있다.

바울은 점점 강해진다. 하나님의 강한 메신저로 자라나고 있다. 말씀이 육신이 되어 이땅에 오신 예수 그리스도처럼 말씀의 능력으로 점점 강해지고 있다. 하나님은 바울이 로마를 상대할 수 있을 만큼 강하게 하셨다. 세상의 중심, 세계 최강의 나라, 당대의 문화, 정치, 경제, 군사의 중심지였던 바로 그 로마가 하나님의 복음으로 뒤집혀질

만큼 바울을 강한 메시지의 사람으로 세우신다. 그리고 끝내 그를 통해 로마를 복음으로 뒤집어 놓으신다.

세상의 힘이 통하지 않는, 세상의 돈의 능력이 통하지 않는, 세상이 주는 위협과 협박이 통하지 않는, 죽음과 상처의 위협이 전혀 무섭지 않는 불같은 한 사람 바울을 통해서 그 일을 이루셨다.

거룩한 충돌은 위대한 돌파를 일으키고, 거룩한 돌파는 급속한 팽창을 가속화시킨다. 바울을 로마까지, 땅 끝까지 이르게 하셔서 복음의 터전을 일구게 하신다. 그래서 메시지의 사람들은 성장한다. 메시지의 사람들은 뻗어나간다. 가만히 있을 수 없다. 멈출 수 없다. 해야 한다. 움직여야 한다. 달려가야 한다. 말해야 한다. 그리고 변화시켜야 한다. 메시지의 힘이 우리를 팽창시키고 가속화시키기 때문이다. 메시지의 능력이 세상을 돌파할 강력을 갖추었기 때문이다. 메시지의 위대함이 그 메시지를 품은 메신저들을 위대하게 하기 때문이다.

02

'고통'이라는 폭주 기관차

아픔이 넘쳐나는 시대

목회자가 되어보니 '교회' 말고 자주 가게 되는 곳이, 두 곳 더 있음을 알게 되었다. 병원과 장례식장이다. 목회자가 되면 전국 웬만한 병원과 장례식장은 다 가보게 된다. 병원과 장례식장 가는 일은 전혀 기쁘지 않다. 병원과 장례식장을 감사와 즐거움으로 찾는 사람은 없다. 대부분은 안타까움, 염려, 근심 그리고 쾌유와 위로를 기원하는 애타는 심정으로 그곳을 찾는다. 그곳은 웬만하면 가고 싶지 않다. 평생 안 갈 수만 있다면 가고 싶지 않은 장소요, 공간이다.

그런데, 병원과 장례식장을 찾을 때마다, 어김없이 치르게 되는 것이 '주차 전쟁'이다. 병원과 장례식장은 차를 주차하기 어려울 만큼 사람이 많다. 대규모의 큰 종합병원일수록 더욱 그렇다. 왜 사람들은 결코 즐겁지 않고, 결코 행복할 수 없는 병원과 장례식장을 많이 찾는가? 그만큼 삶의 현장이 고통과 아픔으로 가득하기 때문이다.

사람에게는 언제나 고통이 있고, 앞으로도 있을 것이다. 사람은 고통과 함께 태어나고 고통과 함께 살다가 고통 속에서 삶을 마감한다. 세상이 처음 창조될 당시에는 그렇지 않았겠지만, 사람은 어느 새 고통의 존재가 되었고 고통과 함께 사는 존재가 되었다.

누구도 결코 고통을 환영하지 않는다. 아프고 힘들고 찢기고 얻어터지고 무섭고 무너지고 상하는 일들을 좋아할 사람은 없다. 누구나 평안하고 안정되고 즐겁고 감사와 기쁨이 넘치는 행복한 인생을 꿈꾼다.

2001년 3월, 교회 상담실을 담당했었다.
도움을 필요로 하는 절박한 심정을 가진 사람들에게 좀 더 효과적이고 다각적인 상담 채널을 열어야겠다는 생각에, 교회 홈페이지에 인터넷 상담 사이트를 개설하였다. 물리적 거리나 상황 때문에 직접 방문하여 도움을 받을 수 없는 분들을 위해 마련된 나름의 조치였다.

반응은 예상보다 폭발적이었다.
음지에서 고통을 숨겨왔던 많은 사람들이 온라인을 통해 절박한 도움을 요청해 오기 시작했다. 나와 상담 사역자들은 쇄도하는 요청에 정신없이 대응하며 조금이라도 더 도움을 주기 위해 안간힘을 썼다.

그럼에도 불구하고 인터넷 상담실을 오픈한 지 3개월이 못되어 홈페이지에서 인터넷 상담 사이트를 폐쇄하게 되었다. 상담 요청이 폭주했기 때문이다. 긴급하게 상담을 원하는 사람들의 수요가 급증했고, 모두에게 충분히 원하는 상담을 할 수 없기 때문이었다.

한 명의 상담 사역자가 면접 상담을 병행하며, 인터넷 상담에 정성껏 답변을 줄 수 있는 건수는 하루에 많아야 10건 이하이다. 그런데, 인터넷 상담은 상담에 대한 답변을 해 줄수록 더 많은 상담요청이 들어왔다. 하루에 200건을 넘어 500건 가까이 들어오는 인터넷 상담 요청에 대해 빠른 답변을 해 줄 수가 없게 되었던 것이다.

상담을 의뢰한 분들의 불만과 분노가 폭발하기 시작했고 상담 사역자들도 힘들기는 마찬가지였다. 도움을 주기 위해 열었던 상담 창구가 오히려 도움을 요청한 분들을 마냥 기다리게 만들어 상처만 주는 분노의 통로가 되어 버린 것이다. 오랜 고민 끝에 할 수 없이 '죄송하다!'는 사과문을 게시하고 오픈한 지 3개월 만에 문을 닫는 어이없는 시행착오를 저지르고 말았다.

지금 생각해도 너무 죄송하고 송구한 일이었다.

그 일을 겪으며 깨달은 놀라운 사실은 정말 다급하고 엄청나게 가슴에 깊은 상처와 그 멍에를 온전히 안고 절박한 상황에서 도움을 필요로 하는 사람들이 이땅에 이렇게 많은지 미처 몰랐다는 사실이다.

너무 아프고 너무나 외로운

현재, 한국은 역사상 누리지 못했던 풍요와 번영의 시대를 보내고 있다. 주변은 온통 좋은 것, 멋진 것, 아름다운 것, 부러움을 주는 것들로 넘쳐난다. 아파트는 얼마나 편리하며, 자동차는 또 얼마나 성능과 디자인이 좋으며, 스마트폰의 기능은 또 얼마나 다양하고 획기적인가? 그러나 한국 사람들은 별로 행복하지 않다. 불행하게도 2015년 현재 한국은 안녕하지 못할 뿐만 아니라, 심각한 위기에 놓여 있다.

한국이 많이 아프다. 한국은 지금 나라 전체가 심각한 몸살을 앓고 있다. 아픈 사람들, 다친 사람들, 비명을 지르는 사람들, 위로와 애정에 목말라하는 사람들로 넘쳐난다. 가정이 아프고, 기업이 아프고, 학교가 아프며, 교회 역시 심각한 통증을 호소하고 있다.

얼마나 아프셨어요?

얼마나 어렵고 힘드셨어요?

이런 위로의 말을 툭 던질 때마다 눈시울이 촉촉이 젖어드는 사람들을 자주 만난다. 누군가를 붙잡고 펑펑 울고 싶은 사람이 한둘이 아니다. 아픈 부분을 툭 건드리기만 해도 눈물을 왈칵 쏟을 사람들로 주변이 넘쳐난다. 그들의 얼굴을 바라보고 있노라면 그들의 눈이 애절하게 부르짖는 소리가 들린다.

제발, 저를 좀 살려주세요!

제발, 저를 좀 구해주세요!

가슴이 미어지도록 서럽고 아픈 시대, 하루하루 약을 먹지 않으면 불안해서 잠을 잘 수 없는 시대, 불안과 염려와 공포가 일상이 되어 버린 시대, 울고 싶으나 울 수도 없고 울 공간도 함께 울어줄 사람도 없으며 함께 아픈 마음을 나눌 사람도 없는 외로움과 공허와 고독의 시대가 바로 현재 우리 삶의 현주소이다.

1990년대 말부터 개봉된 미래를 주제로 다룬 영화에는 비슷한 흐름이 있다. 〈에일리언〉, 〈터미네이터〉, 〈매트릭스〉 등을 기점으로 시작된 미래 영화 트랜드는 2015년인 요즘도 별반 다를 바가 없다. 현대에 등장하는 미래 영화의 대부분의 공통점은 '어둡고 암울한 미래를 묘사한다.'는 점이다.

밝고, 유쾌하고, 따뜻하고, 희망적인 미래에 관한 영화를 관람한 적이 있는가? 내 기억에는 거의 없다. 미래 영화치고 밝고 아름답고 희망적인 경우는 거의 없다. 누가 지시한 것도 아닌데, 메가폰을 잡은 감독들은 한마음으로 암울하고 우울한 미래 영화를 만들어 낸다. 최소한 핵전쟁 아니면, 빙하기나 우주전쟁이다.

사람들은 잔인해지고, 이기적이 되어가고, 인간성을 잃어가고, 성품과 인격을 상실하며, 좀비가 되거나 끔찍한 사이코패스가 된다. 미래 영화에 등장하는 인간의 이미지는 감정이 마비되었거나 냉담하고,

혹은 무감각하거나 극단적으로 난폭하며 이기적이다.

　인류의 미래에 대한 암울한 영화들은 현대인들의 자화상을 그대로 반영하고 있다. 현대 사람들 스스로 판단하고 평가하는 자신의 미래에 대한 자화상이 결국 '**가망이 없다**'이기 때문이다. 지금의 이런 식으로 인류가 계속 나아가게 된다면 미래가 어두울 것이라는 예측을 모두가 하고 있는 것이다.
　역사를 보라! 전쟁이 없었던 때가 없다. 사기꾼, 도둑, 살인범, 강도, 폭력배, 불륜이 없었던 때가 없다. 세계사를 보고, 한국사를 보라! 평안하고 안정된 날보다는 싸우고 죽이고 갈취하고 빼앗았던 혼란의 날들이 더 많다. 사람 안에 스스로를 파괴하고 파멸시키려는 강한 혼돈과 어두움을 갖고 있다.

　사람들 안에 해답이 있을까?
　사람들이 조직하고 기획하여 만든 정부 안에 좋은 해법이 담겨 있을까? 좋은 리더, 유능하고 탁월한 정부가 들어서면 해결될 수 있을까? 유능한 법관이 세워지고, 청렴한 공무원들이 뽑히고, 헌신적인 경찰들이 임명되면 나라가 안정될까? 늘 기대했던 정부는 여지없이 실망을 안겨준다. '이번에는 제발' 이라는 심정으로 기도하며 마음을 실어 투표해 준 리더들은 여지없이 국민들을 실망시켰다.

　왜 이렇게 끔찍한 시대가 되었을까?

가정, 학교, 회사, 국가 모두가 몸살을 넘어 미쳐가고 있는 혼돈스런 세상, 암울한 미래를 향해 방향 없이 끝없이 질주하는 세대가 되었는가?

사람들은 과거 그 어느 때보다 잘 살기 위해 애쓰고 노력한다. 학생들은 과거 그 어느 시기보다 필사적으로 공부를 한다. 언어교육, 인성교육, 체육교육, 예능교육, 체험학습을 하며, 양질의 교육을 경험하기 위해 모든 부모들과 아이들이 헉헉대고 있다. 직장에서 살아남기 위해 경쟁적으로 살고, 닥치는 대로 영업하고, 밤새워 일하고, 자존심을 내팽개치며, 몸이 망가지는 것도 모르고 열심히 살고 있다.

그런데, 가지면 가질수록 모자란다. 먹으면 먹을수록 허기가 진다. 채우면 채울수록 부족함을 느낀다. 올라가면 올라갈수록 더 불안해진다. 무엇이 문제인가?

그렇다면, 나 자신 안에는 해결책이 있을까?

나의 능력이 조금 더 많아지면 해결될까? 내가 좀 더 아름다워지면 행복해질 수 있을까? 사람들이 부러워하는 성공의 자리에 올라서면 인생역전이 찾아오고, 새 삶이 시작될 수 있을까? 키가 좀 더 커지고, 수입이 조금 더 늘어나면, 집을 큰 집으로 옮기면, 다른 사람보다 좀 더 건강하게 오래 살면, 좋은 직위와 자리를 차지하면, 남보다 더 강력한 힘을 가지면 더 괜찮아지고 행복해질 수 있을까?

아니다. 이미 우리는 너무나도 정확히 알고 있다. 그래도 행복할 수 없다는 것을 말이다. 가난한 사람도 힘들고, 부자들 역시 힘들다. 학력이 높은 사람도 학력이 낮은 사람도 모두 고민이 많다. 건강한 사람도 건강하지 못한 사람도, 잘생긴 사람도 그렇지 못한 사람도, 지위가 높은 사람도 그렇지 못한 사람도 모두가 심각한 고민과 외로움을 가지고 있다. 우리가 목표한 곳에 다다른다고 해서, 그 목적이 실현된다고 해서, 그 꿈이 이루어진다고 해서 근본적인 것이 모두 변화되는 것이 아니라는 사실을 우리는 이미 다 잘 알고 있다.

이미 알고 있는데 모르는 척할 뿐이다. 알고 있지만 애써 그 사실을 인정하고 싶지 않은 것뿐이다. 왜냐하면, 그것 말고 다른 길을 모르기 때문이다. 그나마 아는 길이 그 길이기에, 그냥 그 길을 가고 있는 것뿐이다.

2000년 12월 첫 주에 서빙고 온누리교회 부목사로 부임하였다. 부임하기 전 교회의 출석 교인 수는 약 500명이었고, 부임할 당시 온누리교회 출석 교인의 숫자는 약 15,000명 정도였다. 이전 교회에서 경험해 보지 못한 대형교회의 경험은 여러 면에서 문화적 충격을 주었다. 가장 먼저 찾아온 충격은 **고독감**이었다.

매 주일마다 거대한 성전 로비로 수많은 사람들이 모여들었다. 7부 예배로 진행되는 모든 예배마다 사람들로 인산인해를 이루고, 주차장은 그야말로 아수라장이었다.

그러나 교회로 모여드는 수많은 사람들 중에 새로 부임한 교역자인 나를 알아보는 성도는 거의 없었다.

분명 얼마 전, 전교인 앞에서 각 예배 때마다 인사했음에도 불구하고 예배당 입구에서 어색하게 인사하는 나를 목사로 기억해 주는 사람들은 거의 없었다. 참 이상했다. 이미 예상했고 각오도 했는데, 그 상황을 견디는 것이 쉽지 않았다.

그때 느꼈던 묘한 고독감과 깊은 소외감은 아직도 생생하게 기억에 남아있다. 많은 사람들이 오고가는데 정작 내가 아는 사람도, 나를 기억하고 알아주는 사람도, 나를 기억해 주는 사람이 한 사람도 없다는 이상한 소외감 말이다.

현대인들이 느끼는 고독감은 주위에 사람이 없어서가 아니다. 함께 밥을 먹고 이야기할 사람이 없어서가 아니다. 물론, 함께 밥 먹을 사람마저 없다면 그건 더욱 슬픈 일일 것이다.

현대인들의 고독이 힘든 이유는 만날 사람은 많은데 정작 만난 사람이 없다는 데 있다. 만날 사람이 많다. 그리고 만났다. 그러나 진정한 만남은 이루어지지 않았다. 이야기도 나누고, 밥도 먹고, 차도 마시고, 함께 시간을 보냈다.

그러나 가슴이 원하는 것은 채워지지 않았다. 따뜻한 나눔은 없었다. 믿을 수 있고, 기댈 수 있고, 조건 없이 수용해 주고, 조건 없이 바라봐 주는 만남은 이루어지 않았다.

사람들은 자신의 이야기를 하기에만 바쁘다. 자신을 인정해 달라는 이야기, 억울함을 위로해 달라는 이야기, 자신을 지지해 달라는 이야기, 자신을 좀 알아 달라는 이야기들을 하기에 바쁘다. 나에게 관심 있는 것 같아서 만나 보면, 자기에게 관심 가져 달라는 경우가 대부분이다. 나의 고통에 관심이 있는 사람, 나에게 진심어린 칭찬과 격려를 아끼지 않고 살며시 나의 상처를 어루만져 주려는 사람, 무조건 내 편이 되어주고 나를 응원해 주는 사람을 만나기란 결코 쉽지 않다.

더 잘해야 한다. 더 높이 올라가야 한다.
아직 그 정도로는 부족하다.
더 해야 한다. 더 실력을 쌓아야 한다. 더 뛰어나야 한다.
뭔가 세상을 깜짝 놀라게 할 무엇인가를 지녀야 한다.

사람들은 사랑이라는 이름으로 온통 나를 몰아붙인다. 물론, 나도 충분히 알고 있다. 그들이 이렇게 말하는 이유가 나를 향한 사랑이고, 격려이고, 진실한 희생이다. 그들의 충고와 조언은 나를 위한 진심어린 말인 것도 충분히 알고 있다. 그런데 알고 있음에도 이상하게 그 말들은 가슴에 와 닿지 않는다. 전혀 위로가 되지 않는다.

사랑하는데, 사랑하고 있는데, 너무나 사랑하고 싶은데 사랑할 수가 없다. 사랑할수록 더욱 미워진다. 사랑하기 위해 노력할수록 화가 나고 실망스럽다. 사랑할수록 내가 다치고 나만 더 아프다. 사랑한다는 말이 의심스러운 사람들로 가득하다.

함께 있어도 죽을 만큼 외롭다.

만남, 그 강렬한 메시지

만남에는 두 가지가 있다. 하나는 단순한 만남 그 자체인 **만남**(Meeting)이 있고, 다른 하나는 깊이 있고 진실한 만남으로 번역되는 **엔카운터**(Encounter, 조우)이다. 만남과 엔카운터의 차이는 욥기에 등장하는 욥과 세 친구와의 관계를 보면 쉽게 이해할 수 있다.

만남(Meeting)

구약 욥기에는 욥의 갑작스런 재난 앞에 욥을 위로하러 허겁지겁 달려온 세 친구 엘리바스, 빌닷, 소발이 등장한다. 이 세 명의 친구는 갑작스런 재난 앞에 몹시 힘들어하는 욥의 곁에서 적어도 7일에서 10일 정도 함께 있어 주었다.

 친구의 갑작스런 재앙 앞에 모든 일정을 포기한 채 그의 곁을 떠나지 않고, 오랜 시간 함께 있어 준 친구들이라면 분명 보통 친구의 관계를 넘어 아주 좋은 친구들이라 할 수 있다. 더군다나 욥은 이제 아무것도 가진 것이 없는 빈털터리이다. 욥에게 잘해 준다고 해서 좋은 보상이 돌아올 리가 없으리라는 것도 잘 알고 있다.

 그런 의미에서 이 세 명의 친구는 욥을 진심으로 사랑하고 그의 아픔을 누구보다 안타까운 마음으로 걱정해 주는 좋은 친구임에 틀림이 없다.

 자, 이제 세 친구들과 욥이 한 자리에 앉아 만나고 있다. 서로를 몹시 아끼고 사랑하는 친구들이다. 이들은 깊은 대화를 나누고 있다.

욥과 세 친구는 무수한 대화를 나눈다. 그 어떤 친구들의 대화가 이보다 더 진지하고 진솔하며 오래 지속될 수 있을까? 남자들 네 명이 모여 앉아 나눈 이야기가 욥기 3장에서부터 31장까지에 이른다. 욥기는 성경이다. 성경은 한 절만 해도 무수한 의미가 함축되고 집약된 간결한 언어로 되어 있는 창조주 하나님의 메시지이다.

성경에 기록된 욥과 세 친구들과의 대화는 무려 성경 28장이라는 방대한 분량을 차지한다. 그토록 많은 대화와 깊은 나눔이 오랜 시간 동안 오고갔다.

그런데, 과연 이들은 잘 만나고 있었던 걸까? 그렇지 않았다.

이들은 만났으나 만나지 못했다. 만남 속에 있었으나 참 만남은 없었다. 이들의 만남은 상호 협조, 의견 조율이나 위로와 격려가 전혀 없는 평행과 대립의 연속이었다. 욥과 친구들 양측은 전혀 자신의 주장을 굽히거나 양보하지 않고 팽팽히 맞서고 있었다.

욥의 친구들은 말한다.

너에게 재앙이 온 것은 분명 하나님 앞에 무엇인가를 범죄 했기 때문이다.
속히 가증한 너의 겉모습을 벗어버리고 하나님 앞에 회개하고 죄를 뉘우쳐라!

욥 역시 가만 있지 않고 친구들에게 이렇게 응수한다.

그렇지 않다. 나는 결백하다.

나는 억울하다. 나는 결코 하나님 앞에 범죄 한 일이 없다.

너희는 나의 원통함을 알아주고 이해해 줘야 하고 나를 위로해 주어야 한다.

사랑하는 두 부류의 존재가 서로를 위해 그렇게 오래도록 대화하고 의견을 나누고 있지만 이 둘은 전혀 만나지 않는다. 아니 전혀 만나고 있지 않을 뿐만 아니라, 만날수록 더 나빠진다. 만날수록 상처를 준다. 대화가 이어지면 이어질수록 위로를 받기는커녕, 가슴에 커다란 구멍만 남긴다. 대화를 하면 할수록 더 이상 대화를 하면 안 되겠다는 생각만 든다.

이런 만남이 **미팅**(Meeting)이다. 서로 깊이 사랑한다. 얼굴과 얼굴을 맞대고 만나고 있다. 서로를 위해 사랑의 대화를 주고받는다. 그러나 마음이 만나지 못한다. 계속 평행선이다. 대화를 할수록, 함께 있을수록 더 깊은 상처를 받는다.

현대인들은 수많은 만남 속에 있음에도 불구하고 엄청난 공허감을 느낀다. 그 이유는 만남의 내용이 미팅이기 때문이다. 물론, 미팅도 필요하다. 모임도 만남도 파티도 놀이도 모두 필요하다. 그러나 사람들은 미팅 그 이상의 깊은 만남을 갈망한다. 사람은 마음이 깊이 만져지고 아픔이 이해되고 상처가 치유되며, 기쁨을 깊이 공유하고 싶은 심리적, 정서적, 영적인 존재이다.

엔카운터(Encounter)

사도 바울이 아직 회심하기 전이다.

다메섹 도상에서 예수님을 충격적으로 만난다. 사도 바울이 다메섹에서 예수님을 만난 시간은 얼마나 되었을까?

성경에는 사도바울과 예수님과의 만남에 대해 정확한 시간의 언급이 없지만, 대화의 분량과 여러 정황으로 볼 때 삼십 분에서 한 시간 정도가 아닐까 추측된다.

삼십 분에서 한 시간은 결코 긴 시간이 아니다. 그런데, 그 짧은 시간에 한 남자의 인생이 바뀌었다. 그것은 바울이 예수님과 만났던 그 시간의 밀도가 워낙 깊었기 때문이다. 물론 예수님과 바울 사이에 몇 마디의 대화도 오고 갔다.

예수 : 사울아 사울아 네가 어찌하여 나를 박해하느냐?
바울 : 주여 누구시니이까?
예수 : 네가 박해하는 예수라.
너는 일어나 시내로 들어가라 네가 행할 것을 네게 이를 자가 있느니라.

이것이 예수님과 바울이 나눈 짧은 대화의 전부이다.

대화 중 오고 간 글자 수를 세어 보니 64글자다. 서로 대화를 나누는 데 2분도 채 걸리지 않는 짧은 대화였다. 그런데, 이 짧은 대화와 짧은 만남이 한 남자의 인생을 완전히 뒤집어 놓았다. 바울의 태생과 가치관, 세계관, 인간관, 신앙관을 총체적으로 흔들어 놓았고 그의 모든 길과 미래를 완전히 바꾸어 놓았다.

바울이 얼마나 큰 충격을 받았는지 바울은 그 만남 이후 사흘 동안 볼 수도 없었고, 먹을 수도 잠을 잘 수도 없었다. 그리고 그의 삶은 변했다. 완벽하게 변화되었다. 사흘 후 그는 전혀 딴 사람이 되었다. 그의 눈에 비늘이 벗겨졌다. 그는 이제 예수를 핍박하는 사람이 아니라, 예수를 위해 목숨 걸고 복음을 전하는 전사로 탈바꿈했다. 고작 다메섹 도상에서 그 짧은 만남의 경험을 통해서 말이다.

이런 만남이 **엔카운터**(Encounter)이다.

속 깊은 만남, 뿌리까지 변하는 철저한 변화를 일으키는 만남, 과거 인생의 깊은 쓴 뿌리뿐만 아니라 현재와 미래까지 모두 바꾸는 엄청난 변화를 일으키는 근본적인 만남이다. 이런 만남이 가슴과 영혼을 충만히 채운다. 깊은 내면의 뿌리까지 적셔주는 깊은 만남을 이루어낸다. 그런 만남을 통해 인간은 성숙하고 성장해 가며 생육하고 번성하고 정복하고 다스릴 수 있는 건강한 성장을 이룰 수 있다.

이겼는데 초조하고, 누리면서도 불안하다

현대인들이 공통적으로 안고 있는 정서 중 또 하나는 '**불안**'이다. 이유가 있어서 불안해하는 것은 이해가 된다. 문제는 전혀 불안할 이유가 없어 보이는 사람들도 표현할 수 없을 정도로 불안해 한다는 것이다.

지금도 잘하고 있고 앞으로 전망도 괜찮다. 어느 정도 궤도에 올라섰고, 다른 사람이 부러워할 만한 조건들을 많이 가지고 있다. 이미 이루었고, 충분히 가지고 있고, 여유롭게 누리고 있다. 몸도 별로 아픈 곳 없이 건강하고, 꾸준히 관리하고 있으며, 주변에 해를 끼치거나 괴롭히는 사람들도 별로 없다. 직장도 그 정도면 꽤 괜찮은 편이고, 외모도 매너도 평가도 좋다. 여러 면에서 다 좋다.

그런데, 그런 사람도 불안하다. 아니, 보통 사람보다 더 불안해 한다. 이유는 간단하다. 지금의 좋은 상태를 잃을까봐 불안하다. 너무 좋고 평안함 넘치는 안정이기에 더 불안하다. 현재의 그 좋고 안정한 상태가 불안을 야기한다. 좋은 상태, 좋은 조건, 좋은 관계를 상실할까 하는 극도의 염려 때문이다.

2008년 북경에서 예베 세미나와 부흥집회를 한 후, 자금성을 구경 갔었다. 자금성은 대충 살펴보기만 해도 보통 2-3시간이 걸릴 만큼 그 규모가 웅장하고 방대하다. 건물과 방이 이루 말할 수 없이 많고, 장식과 문양이 화려하고 셀 수 없이 다양하다. 그런데 그렇게 화려하고 엄청난 궁궐을 지어 놓은 진시황은 화려한 자신의 침상에서 잠들지 못했다고 한다. 가이드의 설명에 의하면 진시황이 잠을 잔 곳은 크고 화려한 황제의 침상이 아니라, 호위무사가 잠자는 쪽방 안쪽 작은 방이었다고 한다. 대륙 최고의 황제는 언제 자객이 자신을 죽일지 모르는 두려움과 불안에 사로잡혀 기회만 있으면 호위무사가 자는 쪽방 안쪽 비밀의 쪽방에서 웅크리고 잠을 잤다는 것이다.

불안이 믿음의 사람들을 더욱 힘들게 하는 이유는 교회를 다니면서도 불안을 떨칠 수 없다는 사실 때문이다. 믿음이 있다. 그런데 불안하다. 기도도 하고 찬양도 하고 예배도 잘 드리는데 불안해진다. 그러면 불안해하지 말아야 하는데, 이상하다. 역시 불안하다. 철저히 신앙생활을 하고 헌신적으로 봉사하며 희생적 사랑과 섬김을 아끼지 않는데, 여전히 그리고 끊임없이 불안하다.

기도 응답이 와도 불안하다. 간절히 원하던 바람과 소원이 이루어졌다. 오래도록 준비하고 기획했던 사역을 아름답고 성공적으로 잘 마쳤다. 하나님께서 속시원히 화끈하게 응답해 주셨다. 역시 우리 하나님이야, 하나님을 향한 확신과 새로운 결단과 각오를 다지며 감사와 영광을 올려드린다. 그런데, 그 다음에 또 불안해진다. 원하는 것을 이루었고, 가졌고, 얻었고, 누리고 있다. 그런데, 어이없게도 하나님 한 분만을 신뢰하지 못하고, 다음 일을 걱정하며 다시 불안과 초조의 모드로 돌아간다.

2015년 현재, 한국은 매일 평균 43명의 자살 사고가 일어난다.

죽음은, 특히 자살은 사람들을 가장 처참하게 어두움으로 끌고 가는 가장 치명적이고 강력한 대적이다. 자살이 무서운 이유는 자살 그 자체가 가진 강력한 파괴력에만 있는 것이 아니다. 자살이 정말 무서운 진짜 이유는 자살이 품고 있는 강력한 전염성에 있다.

한국 자살협회의 보고에 따르면, 한 사람의 자살자가 발생하면 평균 1년 이내에 가족을 포함한 주변의 사람 중에 여섯 명이 자살을 시도하거나 심각한 자살 충동에 시달린다고 한다. 즉, 자살이라는 사건이 한 번 일어나면 1년 이내에 그 파괴적 영향력이 6배나 가속화되어 주변에 전염된다.

자살자의 가족과 주변 사람들의 정서상태는 갈수록 피폐해지고, 영혼은 점점 죽어간다. 매일 정서적 망상이나 감정적 침울, 육체적 무기력이 주기적이고 반복적으로 일어나 일상생활이나 사회생활을 할 수 없고, 사회로부터 도피하거나 안주하게 만들어 결국 자살을 시도하게 된다. 이 보고에 의하면, 한국은 이미 오래 전부터 매일 '43×6'이라고 하는 엄청난 자살 인자가 사회 속으로 확산되고 있는 셈이다.

한국은 매일 평균 330쌍의 가정이 이혼한다.

자살만큼은 아니지만 사람을 파괴하는 또 하나의 강력한 세력은 이혼이라는 괴물이다. 이혼의 파괴력 역시 상상을 초월한다. 이혼하는 가정은 보통 심리적 이혼[4]의 기간을 지나 법적 이혼의 단계를 거친다. 적어도 6개월에서 2년이 넘도록 지속되는 심리적 이혼 상태에 자녀들이 겪는 고통은 부부가 겪는 고통을 넘어선다. 그리고 이혼 후 적어도 2년 이상 이혼한 당사자들은 심각한 실패감과 사회적, 경제적, 심리적, 가족적, 신체적, 영적 손상을 입는다. 극도의 불안과 두려움을 겪게 되고, 소외와 고독 그리고 주기적으로 찾아오는 실패감과 정죄함의 파도

---

[4] 심리적 이혼 : 아직 법적으로 이혼한 상태는 아니지만, 부부 간에 별거, 심한 다툼, 대화 단절 등 이미 심각한 갈등과 대립으로 관계가 단절된 관계의 상태.

를 넘어야 하는 엄청난 대가를 치른다.

한국은 현재 매일 평균 2200개의 자영업 사업체들이 파산한다.

가정과 개인에게 치명적인 상처를 입히는 또 하나의 주범은 경제적 어려움이다. 청년 취업이 갈수록 어렵고, 조기 퇴직에 따른 재취업과 퇴직 이후의 재정문제가 심각한 사회현상이 되고 있다. 직장생활에서 은퇴 후, 퇴직금과 융자를 통해 시작한 소규모 자영업자들이 속속히 파산을 하고 있다.

이러한 통계에 의하면, 이 글을 쓰고 있는 지금 이 시간, 오늘도 한국 땅 여기저기에서 아픔과 상처의 늪에 직면한 고통 받는 사람들이 새롭게 나타나고 있다는 사실이다. 상처는 개인에게만 혹독한 것이 아니다. 상처에는 전염성과 확산성이 강해 자기 주변을 포함하여 공동체와 사회를 어둡게 만드는 파급효과를 가져온다.

우리를 더욱 불안하게 만드는 것은 이 통계자료의 수치가 시간이 지날수록 줄어들기보다는 오히려 늘어날 것이라는 부정적 예측 때문이다. 불안한 사회, 알 수 없는 미래, 믿고 신뢰할 수 있는 사람의 부재, 지속적으로 가중되는 스트레스 지수들 속에서 현대인들은 정상의 경계선을 넘는 극도의 스트레스와 신경증에 시달리고 있다.

더 회의적인 것은 이 강력하고도 거대한 힘을 멈출 수 있는 해결방안이 없다는 사실이다.

과연 이 문제를 누가 해결할 수 있을까?

과연, 어느 기관에서 해결할 수 있을까? 정부일까? 병원일까? 국방부일까? 교육일까? NGO일까? 종교기관일까? 치료 전문가들을 많이 양성하면 될까? 복지와 상담 예산을 많이 편성하면 될까? 선진국의 도움과 지원을 받는다면 될까? 교육체계를 재정비하면 될까?

도대체 악화 일로로 치닫는 심각한 어둠의 문제를 어떻게 해결할 수 있을까?

03

'아픔'은 무섭지만, '메시지'는 강하다

광야, 그리고 백합화

2012년 12월 어느 날, 목회를 시작하고 19년 동안 집례했던 장례식 중 가장 힘든 장례식을 치렀다. 같은 예배 팀에 있었던 40대 초반의 한 자매가 급성 혈액암으로 병원에 입원했고, 한 달 만에 죽음을 맞이한 것이다.

목회자로서 가장 고통스럽고 할 수만 있다면 피하고 싶은 자리인 것이다. 자녀를 잃고 처참하게 무너진 부모와 유가족을 만나 위로해야 하는 일처럼 부담스럽고 어려운 일은 없다. 자식의 시신 앞에 오열하는 부모의 마음에 어떤 위로의 말이 필요할까? 의식도 잃고, 식욕도 잃고, 뜬눈으로 밤을 보내며 판단력과 자제력을 잃어버린 붕괴 직전의 부모를 향해 어떤 말씀으로 고통을 위로할 수 있겠는가?

나는 그 장례식에서 죽음의 가공할 파괴력을 분명히 보았다.

죽음이란 정말 강력한 것이었다. 그 죽음의 자리에서는 모든 희망, 모든 선, 모든 기쁨을 찾아볼 수 없었다. 침통과 비탄, 비명과 절망이 가득한 장례식에서 '웃음'이란 허용될 수 없었다. '위로'란 말은 사치스러웠다. 죽음은 인간이 감당해야 하는 것이지만, 인간이 소유한 모든 가능성과 모든 잠재력, 모든 긍정을 모조리 휩쓸고 가버리는 극복 불가능한 가장 강력한 원수이자 저주였다.

구약 이사야에서는 이렇게 인간이 감당할 수 없는 죄와 질병, 상처와 죽음의 상황을 광야, 메마른 땅, 사막이라는 말로 표현한다.

[1] 광야와 메마른 땅이 기뻐하며 사막이 백합화 같이 피어 즐거워하며 [2] 무성히 피어 기쁜 노래로 즐거워하며 레바논의 영광과 갈멜과 사론의 아름다움을 얻을 것이라 그것들이 여호와의 영광 곧 우리 하나님의 아름다움을 보리로다(사 35:1-2)

이사야 35장 1-2절에는 대조적인 두 가지 표현의 언어 그룹이 등장한다.

첫째 그룹은 **'광야와 메마른 땅, 그리고 사막'**이다.

이 단어들은 사람들의 처절한 고난과 역경의 극단을 상징하는 말로, 인간 스스로 절대 감당할 수 없는 절망과 파괴, 그리고 이를 통해 침입해 들어오는 슬픔과 탄식을 동반한 모든 정서의 파멸을 암시하는 말이다.

둘째 그룹은 '**백합화와 사론과 광채**'이다.

'백합화와 사론과 광채'는 '광야와 메마른 땅'과 정반대되는 대조적 개념으로 어둠과 역경을 극복한 거룩과 기쁨, 치료와 회복, 건강한 번영과 창대함, 구원과 성화, 빛과 희망을 상징하는 단어이다.

이사야가 이렇게 대조적인 두 개의 단어 그룹을 반복적으로 나열한 이유는 극한 대조를 통한 '변화'(Transformation)를 강조하려 했기 때문이다. 하나님께서 이사야 35장을 통해 이 시대에 알려주시고자 했던 강력한 메시지는, 인간 스스로의 능력으로는 도저히 극복할 수 없는 고통과 고난의 삶에도 반드시 해법이 있으며, 이를 넘어설 수 있는 위대한 '**변화**'(Transformation)의 가능성이 분명히 있음에 대한 강력한 메시지를 전달하기 위함이다.

지금 당신이 겪고 있는 지독한 고통은 결코 오래 지속되지 않을 것입니다.
당신의 고통은 끝이 있으며, 이를 극복할 놀라운 길이 반드시 있습니다!

변화를 위한, 변화를 향한 메시지

목회상담이 추구하는 주된 목표는 '**변화**'이다.

이 변화는 겉모습이나 드러나는 영역이 새롭게 바뀌는 단순하거나 일시적이고, 임시적인 위로와 도피로써의 변화가 아니다. 그 근본 뿌리부터 총체적으로 변하는 근본적이고 혁명적이며, 전체적인 '변화' (the Transformation of unconscious)를 뜻한다. 목회상담은 사람이 긍정적이며 기능적일 뿐만 아니라 심리 기저에 있는 근원적이고 기초적인 역동적 '변화'를 추구하는 학문이다.

인간에게 고통이 힘든 이유는 고통 자체가 주는 아픔의 강도가 크기 때문이기도 하지만, 자신에게 시작된 그 고통이 마치 영원히 끝나지 않을 것 같은 막연함과 시간이 지날수록 좋아지기보다는 점점 더 안 좋아질 것 같은 공포감 때문이다.

나의 힘으로 극복할 수 없는 이 엄청난 고통은 악순환의 고리가 되어 매일 매순간 지속적으로 나를 괴롭힐 뿐만 아니라, 시간이 갈수록 더 강해지고 더 거세지며 더 심해질 것 같은 불안과 두려움에 사로잡히는 마술에 빠지기 때문이다.

내 삶은 더 이상 좋아지지 않을 거야.
누구나 내 처지가 되면 이렇게 포기하게 될 거야.
현재 계속되는 불행은 앞으로도 계속 반복될 거야.
나는 좋아지거나 나아지지 않을 거야.
성공과 행복이란 불가능한 소망이야.

사람은 끊임없이 생각하는 존재이다. 늘 자기와의 대화(self talk)를 한다. 생각은 생각을 낳고, 그 생각은 또 다른 생각을 낳는다.

만약 이 생각의 고리가 부정적인 생각으로 떠오르기 시작하면 그 부정적 생각이 반복적으로 일어나고 증폭되어, 부정과 어둠에 사로잡히게 된다. 어떤 일을 할 때 조금이라도 어려움이 닥치면, 그 일에 대해 해결할 수 있다는 가능성을 찾기보다는 해결할 수 없다는 생각을 먼저 하게 되고, 그후에는 아예 불가능한 것이라며 못을 박으며 포기해 버리고 만다.

그러나 이사야서의 말씀은 부정적이고 절망의 생각으로 가득 차 절벽으로 추락하는 파멸의 삶을 향해 새로운 도전과 희망의 길을 알려준다.

그렇지 않습니다.
그렇게 절망적이지 않습니다.
그럼에도 불구하고 희망이 있습니다.
아직 기회가 있습니다.
이 암울한 절망은 계속 이어지지 않을 것이며,
당신의 고통에는 반드시 끝이 있을 것입니다.
절망이 끝날 것입니다.
고통의 긴 터널은 곧 지나갈 것입니다!

이제 그만.

더 이상의 고통과 불행은 이제 그만.

고통과 방황과 신음과 아픔의 반복을 멈추고, 그 자리를 박차고 훌훌 털고 일어나 새로운 희망을 붙잡으라고 말한다. 도망가지 말고 포기하지 말고 두려워하지 말고, 염려하지 말라고 한다. 이 얼마나 희망차고 감격스러운 메시지인가?

그것들이 여호와의 영광 곧 우리 하나님의 아름다움을 보게 될 것이다!

믿음, 절망 앞에서 감당할 우리의 몫

물론 현실적으로 그리고 객관적으로 상황이 안 좋아질 수 있다. 더 나빠질 수 있고, 갈수록 심각해질 수도 있다. 그럴 가능성은 충분하다. 그러나 그것이 사실은 아니다. 그 역시 하나의 가능성일 뿐, 이미 일어난 사실은 절대 아니다. 이 세상 어디에도 100% 절망, 100% 부정, 100% 불가능의 확률은 존재하지 않는다. 그럴 수도 있지만, 안 그럴 수도 있다.

상황은 때로 더 이상 안 나빠질 수도 있다.

사실 늘 상황이 나쁘기만 한 사람은 없다. 나쁜 일도 때론 멈춘다. 나쁜 일이 연속적으로만 일어나지 않는다. 그렇게 보일 뿐이다. 나쁜 일은 하루 24시간 내내, 일 년 365일 내내 한 순간도 멈추지 않고 지속되지는 않는다. 부부 싸움을 매일 24시간, 1년 365일 멈추지 않고 하는 부부는 없다. 아무리 운이 없는 사람일지라도 계속 꾸준히 변함 없이 실패하는 사람은 없다. 때로 실패도 멈추고, 분노도 멈추며, 우울도 멈춘다. 상황은 계속 나빠지지만은 않는다.

어느 순간 더 이상 나빠지지 않는다. 잠시 아무 일도 일어나지 않는다. 그리고 가끔 좋은 일도 생긴다. 잠시 웃고 지나갈 일들도 생긴다. 때로 더 좋아지기도 하고 점점 더 좋아질 수도 있다.

믿음이란 '희망'을 놓치지 않는 것이다.

믿음이란 깜깜하고 막막한 어둠 속에서도 한줄기 빛을 붙잡을 수 있는 의지이다. 미래는 어느 누구도 경험하지 못한 시간이다. 우리는 매일 오늘이라는 낯선 시간을 살아간다. 매일 매일이 광야와 같다. 어떤 위험과 어떤 상황이 펼쳐질지는 아무도 모른다. 내일이라는 시간을 미리 살아본 사람은 아무도 없다.

그렇기 때문에 하나님은 이사야에게 말씀하신다. '막연한 미래에 변화될 것을 믿고 의지를 보이고 힘을 내야 한다!'고 말이다.

[4] 겁내는 자들에게 이르기를 굳세어라, 두려워하지 말라, 보라 너희 하나님이 오사 보복하시며 갚아 주실 것이라 하나님이 오사 너희를 구하시리라 하라 [5] 그때에 맹인의 눈이 밝을 것이며 못 듣는 사람의 귀가 열릴 것이며 [6] 그때에 저는 자는 사슴 같이 뛸 것이며 말 못하는 자의 혀는 노래하리니 이는 광야에서 물이 솟겠고 사막에서 시내가 흐를 것임이라(사 35:4-6)

하나님은 하나님의 일을 하신다. 그분은 언제나 성실하시고 신실하시다. 그분은 언제나 당신이 해야 할 일에 충실하시다. 그래서 우리도 우리의 몫에 성실해야 하다.

그분이 백합화와 사론의 영광을 위해 일하신다면, 팔짱끼고 앉아 구경만 하고 있어서는 안 된다. 우리도 우리의 할 일을 해야 한다. 우리가 해야 할 일은 힘과 의지를 보이는 일이다. 그것이 우리의 몫이다. 그리고 그 일은 우리 자신만이 할 수 있다.

밥을 먹는 일은 그 누구도 결코 대신해 줄 수 없다. 밥을 떠먹여 줄 수는 있고, 밥을 차려주거나 사줄 수는 있다.

그러나 그 밥을 입에 넣고 씹고 삼키고, 소화시키는 일은 아무도 대신해 줄 수 없다.

좋은 학교, 좋은 학원, 좋은 선생님을 소개시켜 주고, 비용을 지불해 줄 수는 있지만, 공부는 누구도 대신해 줄 수 없다. 대신 잠을 잘 수도 없고, 대신 결혼해 줄 수도 없다.

그것은 우리의 몫이고 우리 책임이며 동시에 우리의 권리이다. 구원을 얻는 일, 예수 그리스도를 믿는 일은 오직 우리 스스로만이 할 수 있다.

하나님은 말씀하신다.

우리가 스스로 일어나야 한다고. '굳세어라!, 두려워하지 말라! 하나님이 구하신다! 나도 할 수 있다!'는 의지와 신념을 가지고 용기와 힘을 내어 일어나야 한다고 말이다.

두려워하지 말라!

성경 안에는 의외로 '두려워하지 말라.'라는 말이 자주 나온다. 하나님은 왜 '두려워하지 말라.'고 말씀하셨을까? 사람들이 두려워했기 때문이다. 그것도 보통 두려워했던 것이 아니라, 온몸을 덜덜 떨며 꼼짝달싹할 수 없이 총체적으로 두려움에 사로잡혔기 때문이다.

두려움은 상상과 생각으로 오는 병이다. 외부에서 오는 고통이나 공격은 피하거나 대비를 잘하면 대응이 가능할 수 있다. 그러나 머릿속으로 쳐들어오는 생각은 피할 곳이 없다. 생각으로 침투하는 불안과 공포증은 현대인들이 도망갈 수도 피할 수도 변명할 수도 방어할 수도 없는 치명적인 질병이다.

'두려워하지 말라.'는 말씀은 창세기에 자주 나오고 출애굽기에 자주 나오며 여호수아와 신명기, 욥기와 시편, 그리고 복음서와 사도행전에 자주 등장한다. 성경에서 하나님이 영적 리더들에게 '두려워하지 말라!'는 말씀을 자주 하신 때를 살펴보면, 어떤 시대적 위기가 있거나 새로운 상황으로 급전환되는 심각한 과도기 상태였음을 알 수 있다. 사람들은 변화 앞에 큰 스트레스를 받는다. 한 시대가 변하고 새로운 영적 패러다임이 바뀌는 변화의 시점에서는 더욱 더 말할 것도 없다.

그런데 두려움 앞에 선 하나님의 사람들에게 성경은 이렇게 말씀하고 있다.

아니다. 그렇지 않다.
그때 당신은 사슴같이 뛰게 될 것이다.
입술이 노래할 것이다.
광야에서 물이 솟고 사막에 시내가 흐르게 될 것이다.

말씀이 희망이며, 말씀이 치유이며, 말씀이 변화의 주체이다. 이 메시지가 선포된 이유는 이 희망의 메시지가 두려움과 공포를 극복하고 소망과 긍정의 변화를 이끌 수 있는 희망의 에너지로 가득하기 때문이다.

거기에 대로가 있어 그 길을 거룩한 길이라 일컫는 바 되리니 깨끗하지 못한 자는 지나가지 못하겠고 오직 구속함을 입은 자들을 위하여 있게 될 것이라 우매한 행인은 그 길로 다니지 못할 것이며 (사 35:8)

믿음이란 보아야 할 진리를 바르게 보는 것이다. 붙잡아야 할 소망을 바르게 붙잡는 힘이다.
비전이란 하나님이 이끄시는 길을 바라보는 것이다.
희망이란 더 이상 자신의 삶이 어둡지 않고 밝을 것이라는 믿음의 눈을 의지적으로 여는 것이다.
자신의 길이 확실한 사람일수록 곁눈질하지 않는다. 많은 사람들이 산만하고 주위를 두리번거리는 이유는 지금 자신이 가고 있는 길이 바른 길이란 확신이 부족하기 때문이다. 정말 가야 할 자신의 길을 찾은 사람은 두리번거리거나 딴짓을 할 시간이 없다. 자신의 일을 하기에도 시간이 모자란다. 좋은 일을 하며 살 시간도 모자란다.

두려움과 불안을 메시지를 통해 극복하고 믿음으로 한 발을 앞으로 내딛을 때, 이전에 보이지 않던 새 길을 보게 될 것이며, 전에 꿈꾸지 못했던 새 길이 열리게 될 것이다. 그리고 그 문을 향해, 바로 그 길을 향해, 힘차고 행복하게, 기쁘고 감사하게 돌진하는 행복한 나를 새롭게 발견할 수 있을 것이다.

04

메시지 테라피 포인트 세 가지
_ 위로하라, 길을 내라, 선포하라!

구약 이사야서는 총 66장으로 되어 있고, 크게 두 부분으로 나누어져 있다. 첫 부분은 1-39장까지이고, 두 번째 부분은 40-66장까지이다. 첫 부분 1-39장의 주제는 하나님의 공의와 심판 그리고 회개를 촉구하는 엄중하고 냉정한 하나님의 경고와 당부의 메시지이다. 두 번째 부분인 이사야 40-66장은 첫 부분과 달리 메시아의 오심과 회복, 그리고 소망이라는 긍정과 희망의 메시지를 담고 있다.

하나님은 이사야 40장, 즉 이사야를 통해 메시아의 오심과 회복, 그리고 소망의 메시지를 전하는 서두에서 크게 세 가지 중요한 메시지를 당부하신다. 타락하고 패역한 이스라엘을 향해 영적 리더가 일깨워야 할 세 가지 명쾌하고 핵심적인 메시지이다.

'위로하라, 길을 내라, 말씀을 선포하라!'

첫 번째 포인트_만져질 때 위로가 된다

너희의 하나님이 이르시되 너희는 위로하라 내 백성을 위로하라(사 40:1)

하나님께서 이사야를 통해 제일 먼저 하신 말씀은 '위로하라!'였다. 하나님은 말씀을 선포하라는 명령을 세 번째로 미루시고, '위로하라!'라는 명령이자 당부를 가장 급히 요구하셨다. 당시 패역한 이스라엘을 향한 무엇보다 중요한 메시지는 어둠의 백성들, 고통의 백성들을 향한 하나님의 '위로'였기 때문이다.

이사야의 시대와 마찬가지로 현대 역시 '위로'가 절대적으로 필요하다. 그러나 '위로'가 절박하지만 위로의 부재인 시대이다. 주변을 둘러보라. 당신에게 위로자가 있는가? 위로자는 많지 않다. 고통스러운데 도움을 받을 수 없다. 도와달라고 말할 데도 없다. 사람은 있으나, 부탁할 수 없다. 외로운데 나눌 곳이 없다. 힘겨운데 함께할 사람이 없다. 위로해 줄 사람도, 위로를 하고자 하는 사람도, 위로를 줄 능력이 있는 사람도 찾기 어렵다.

그래서 하나님은 이 시대의 진정한 위로자를 찾으신다.

누가 내 백성을 이렇게?

뮤지컬 〈지저스 크라이스트 슈퍼스타〉에 이런 장면이 나온다.

예수님 역할을 맡은 배우가 무대 중앙에 서 있다. 누더기를 얼굴부터 온몸에 걸친 문둥병자 한 사람이 음악에 맞추어 기어나오면서 예수님을 향해 절박하게 손을 뻗고 살려 달라고, 병을 고쳐 달라고 애절한 몸짓을 한다. 곧이어 반대편 방향에서 마찬가지로 다른 한 사람이 절박하게 음악에 맞추어 등장을 한다. 그리고 뒤편에서 두 명의 문둥병자가 같은 동작을 하며 예수님께 기어나온다.

점점 음악이 고조되면서 사십여 명의 문둥병자가 예수님을 향해 손을 뻗어 도와달라는 절박한 동작을 한다. 곧이어 음악이 고조되면서 문둥병자들이 예수님을 향해 더 강렬히 손을 뻗고는 일제히 원을 그리며 예수님을 중심으로 돌기 시작한다. 그리고 음악이 최고조에 이르는 어느 순간 모든 음악과 문둥병자들의 동작이 갑자기 멈추면서 중앙의 강력한 조명 하나가 오직 예수님만 집중해 비춘다.

그때 예수님의 표정이 압권이다.

대사도 없다. 움직임도 없다. 오직 예수님의 얼굴에는 비통함과 울분만 가득하다. 이땅의 신음하는 모든 영혼들의 고통을 대신 지신 아픔으로 충만하다.

도대체 누가? 누가?
내 백성들을 이토록 짓밟아 놓은 거야?
도대체 누가?
나의 형상과 모양을 따라 빚어 만든 나의 아름다운 자녀들을
이토록 참혹하게 만들어 놓은 거야?

내가 가만두지 않겠어! 내가 이들을 반드시 회복시켜 주겠어!

뮤지컬을 통해 예수님은 나에게 이렇게 말씀하셨다. 예수님께서 반드시 이 백성의 고통을 해결해 줄 것이라고 말이다.

우리를 만지는 하나님의 위로

이사야 40장에서 하나님은 이사야가 위로해야 할 대상이 '내 백성'이라고 말씀하신다.

> 그들은 나의 백성이다. 나의 자녀이다.
> 내가 나의 형상으로 빚은 존귀한 존재이다.
> 내 아들의 생명을 대신해서 바꿀 만큼, 가치 있는 소중한 나의 백성이다.
> 더 이상 이들의 고통을 바라볼 수가 없으니,
> 이사야야! 이제 네가 가서 저 고통스런 나의 백성들에게
> 나의 위로를 전해 주어라!

뒤이어 하나님은 이사야에게 백성들의 고통을 덜어줄 수 있는 위로의 구체적인 방법까지 상세하게 지시해 주신다.

> [2] 너희는 예루살렘의 마음에 닿도록 말하며 그것에게 외치라 그 노역의 때가 끝났고 그 죄악이 사함을 받았느니라 그의 모든 죄로 말미암아 여호와의 손에서 벌을 배나 받았느니라 할지니라 하시니라

위로란 마음에 닿도록 말하는 것이다.

그냥 하는 말과 마음을 담은 말은 다르다. 그냥 손을 건네는 것과 마음을 담아 손을 건네는 것은 다르다. 형식적인 허그(hug)와 마음이 담긴 깊은 허그(Hug)는 느낌이 다르다. 나도 알고, 상대도 안다. 상대방도 느낀다. 마음을 담은 것과 그렇지 않은 것, 사랑을 담은 것과 그렇지 않은 것을 안다.

위로란 마음에 다가가 마음을 만지는 행위이다. 마음은 마음이 담겨 전해질 때 만져진다. 마음은 머리로 접근할 수 없는 신비한 자리에 있다. 마음이 다친 사람들은 마음이 만져질 때 회복이 된다. 그렇기 때문에 마음을 담아 위로를 해야 제대로 된 위로가 이루어진다. 위로는 진심을 담아야 한다.

위로란 위로의 메시지가 마음 안에 담겨 있어야 한다.

위로는 마음의 정서석 만져짐이 있을 때 찾아온다. 하지만 위로는 궁극적으로 아프고 힘든 근본 원인이 제거될 때 완벽해진다. 더 큰 위로 그리고 궁극적인 위로란 아픔을 당한 사람이 그토록 바라던 희망의 메시지, 상대방이 반드시 그리고 꼭 이루어지기를 간절하게 바라고 기대했던 바로 그 메시지를 들을 때이다.

병으로 고생하는 사람이 가장 듣고 싶어 하는 메시지는 '완치되었다'라는 말이다. 수험생들이 가장 듣고 싶어 하는 메시지는 '합격'이다. 취업 준비생들에게 최고의 메시지는 '취직'이며, 결혼을 원하는 청년들이 듣고 싶어 하는 메시지는 '사랑해, 나와 결혼해 줘!'라는 메시지이다. 즉, 위로란 단순히 말뿐이 아닌 고통의 대상자가 어떤 문제의 실제적인 해결을 얻는 확실한 메시지를 받고 그 문제가 해결될 때 받게 되는 그 무엇이다.

하나님은 오늘 이사야를 통해 사람들이 그렇게 오래도록 간절히 원하고 바랐던 바로 그 메시지를 전하며 위로하라고 선언하신다.

> 그 노역의 때가 끝났고 그 죄악이 사함을 받았느니라
> 그의 모든 죄로 말미암아 여호와의 손에서 벌을 배나 받았느니라

당신을 그토록 오랫동안 괴롭히고 힘들게 했던 그 죄의 권세는 끝났다. 인간의 기저에서 오래도록 아프고 고통을 주었던 그 근본 세력이 무너졌다는 대 선언이다. 모든 묶임은 풀어졌다. 상처와 고통은 떠나갔다. 우울과 낙망, 죽음의 영은 완전히 떠나게 되었다.

힘든데, 힘들지 않은 이유

샬롬(shalom)이란 불안과 대조적인 개념이며 상태이다.

흔들리지 않는 것, 견고한 것, 안정된 것 그리고 계속 생명과 희망의 기운이 흐르는 그 무엇이다. 흔히 사람들은 불안을 해결하기 위해 상황을 벗어나고 환경을 개선하는 노력을 시도한다. 예를 들면, 지금 당한 고난과 고통이 사라진다든지, 시험에 합격하여 입학과 취업을 한다든지, 연애를 시작하거나 결혼을 한다든지, 희망하는 전문가가 된

다든지, 오래된 질병으로부터 회복 등을 이루면서 말이다.

혹시 그렇게 오래도록 사모했던 꿈을 이루었는가? 원하고 원하던, 바라고 그토록 바라던 바로 그 꿈을 이루었는가? 그 꿈을 넘어 본 사람은 모두 깨닫는다. 꿈은 계속 사람을 목마르게 할 뿐이라는 사실을. 어렵게 힘들여 이룬 그 엄청난 꿈은, 꿈을 이룬 순간 또 다른 꿈을 꾸게 하는 덫에 다시 발을 들여놓게 할 뿐이라는 것을 말이다.

'샬롬'(shalom)이란 불안을 피해서 얻는 평안이 아니라, 불안과 맞서며 불안한 상태에서 누리는 평안을 말한다. '샬롬'을 쉽게 설명하면 불안해야 하는데 불안하지 않은 상태, 두려워해야 하는데 두렵지 않은 상태, 힘들어야 하는데 힘들지 않은 상태인 것이다.

예를 들면, 지금 지갑에 돈이 없다. 변변한 직장도 없다. 주변의 상황도 별로 좋지 않다. 그런데, 걱정이 하나도 안 되는 것이다. 몸은 병들어 아프다. 고칠 수 있는 치료제나 의학도 계발되지 않았다. 심하면 죽을 수도 있다. 그런데 무섭지 않은 것이다.

위험이 없어서가 아니고, 불안이 없어서가 아니다. 두려움과 공포가 없어서도 아니다. 그냥 무섭지 않고 불안하지 않다는 것이다. 염려와 걱정이 생기지 않는 것이다.

'샬롬'을 경험하는 사람은 그 성격이 낙천적이어서 그런 것이 아니다. 그가 불안과 두려움을 느낄 만큼 예민하지 못하거나 눈치가 없거나, 사태 파악을 못하기 때문도 아니다. 다 알고 있다. 충분히 이해하고 있다. 얼마나 위험한지 얼마나 걱정스러운지 얼마나 힘든 상황인지 다 알고 이해하고 있다. 그런데 힘들지 않은 것이다.

이 상태를 설명하기란 거의 불가능하다.
걱정해야 하는 사람이 걱정이 안 되는 것을 어찌 설명할 수 있을까? 불안을 느껴야 할 당연한 상황인데 불안하지 않은 이유를 어떻게 설명할 수 있겠는가? 설명이 안 된다. 그래서 샬롬은 신비이다. 샬롬은 능력이요 기적이며, 초월이요 은총이다.

'샬롬'을 얻을 수 있는 분명한 통로는 '믿음'이다. 이 상황을 해결할 수 없고 문제를 해결할 능력이 없지만, 문제보다 크고 고통보다 크신 나를 사랑하시는 하나님이 나를 안전하게 인도하실 것이라는 강력하고 놀라운 믿음으로 얻을 수 있다.

샬롬을 쉽게 이해할 수 있는 모습은 '엄마 품속에 안겨 있는 아이'이다. 폭풍이 휘몰아치는 날씨 속에서도 엄마 품속에 있는 아이는 새근새근 잘 잔다. 아이가 폭풍이라는 위험 속에서도 평안히 잠을 잘 수 있는 이유는 아이가 주변의 위험에 몰입하지 않고 엄마 품에 더 집중하고 있기 때문이다. 그러면 잠을 편히 잘 수 있다. 이것이 샬롬이다.

두 번째 포인트 : 상황을 파악하고, 상황을 해결하라

이사야 40장에서 하나님이 이사야에게 주신 두 번째 메시지는 '광야 에서 하나님의 길을 예비하라.'는 당부셨다.

> ³ 외치는 자의 소리여 이르되 너희는 광야에서 여호와의 길을 예비하라 사 막에서 우리 하나님의 대로를 평탄하게 하라

길이란 지혜이며 삶의 구체적인 방법이며 통로이다. '광야에 길을 내라.'는 말씀은 광야 같은 세상에서 하나님의 지혜로 사람들을 안내 하라는 말씀이다.

하나님의 지혜가 필요한 곳이 바로 광야이다. 하나님은 우리가 길 을 내야 하는 장소가 광야라고 말씀하신다. 우리가 길을 찾고 길을 내야 하는 곳은 이미 길이 있는 곳, 좋은 곳, 화려한 곳, 준비된 곳, 넉 넉한 곳, 나와 익숙하고 내게 친근한 장소와 공간이 아니라 다름 아닌 '광야'이다.

지혜란 상황파악 능력이며, 상황해결 능력이다

전도서를 묵상하다가 지혜에 대해 명쾌한 정리를 하게 되었다. 지혜란 상황파악 능력이며, 상황해결 능력이라는 것이다.

지혜란 상황파악 능력이다.

어느 현장을 접했을 때 지혜자는 즉시 그 현장의 상황을 파악한다. 누가 누구와 어떤 관계이고, 이 상황 속에 벌어진 문제가 무엇이며, 어떤 갈등과 어떤 과제가 있는지 어떤 뒤엉킨 상황이 있는지를 신속하게 파악해 낸다. 지혜자는 분별의 은사가 있다. 그래서 현장에 들어가서 사람을 만나 상황을 접하게 되면 신속히 현장의 상황이 파악된다.

상황파악 능력도 지혜자의 능력에 따라 그 등급과 수준이 다르다. 지혜가 많을수록 넓게 본다. 지혜가 많을수록 깊이 본다. 다른 사람들이 보지 못하는 역학관계가 파악된다. 볼 수 없는 것을 보고 들을 수 없는 것을 듣는 것이 지혜자의 눈과 귀이다.

솔로몬에게 재판을 요청한 두 여인이 있다.

솔로몬은 두 여인의 이야기를 듣는 순간 이 두 여인에 대한 상황파악과 심리 그리고 두 여인 사이에 얽혀 있는 깊은 역학관계와 갈등관계를 즉시 파악했다. 진짜 어머니가 느끼는 깊은 아픔과 억울함 다급함과 조마조마함 역시 파악했다. 가짜 어머니가 위장하고 있는 위장의 틀과 거짓말, 그리고 그의 간교한 속임도 파악했다. 바로 그 현장에서, 바로 그 순간에 말이다.

지혜자는 판단이 빨라야 하고, 파악이 빨라야 한다. 정확히 분석해야 하며 긴급히 조치해야 한다. '광야'라고 불리는 바로 그 현장에서 말이다.

지혜란 상황 해결 능력이다.

상황을 잘 파악했다고 잘 해결하는 것은 아니다. 상황에 대한 분석과 상황에 대한 해결은 별개의 문제이다. 물론, 상황을 잘 파악하면 문제를 해결하는 데 유리하다. 그러나 정확하게 분석한 만큼 적절하게 해결해야 한다.

광야에서 길을 내는 방법

사실 삶의 현장은 매일이 광야이다.

아침마다 전 세계 모든 상황, 아니 은하계를 포함한 온 우주 피조 세계의 상황은 시시각각으로 바뀐다. 계절이 바뀐다. 기후가 바뀐다. 환경이 바뀐다. 국제정세가 바뀐다. 경제 흐름이 바뀐다. 사람들의 취향과 기호가 바뀐다. 사람들이 바뀌며, 사람들의 마음이 바뀐다. 너와 나, 그리고 우리의 관계 패턴과 관계 상태가 바뀐다.

매일 새로운 상황, 새로운 만남, 새로운 환경의 광야를 맞이한다.

어제 좋았다고 오늘 안심할 수 없다. 오늘 잘 지냈다고 내일 잘 지내리란 기대를 할 수도 없다. 그래서 매일 매일이 두렵도록 낯선 광야이다. 하루도 긴장을 늦출 수 없는 험난한 광야의 인생길이다.

방학 때가 되면 목회자들은 각종 세미나, 수련회, 영성훈련, 학회 등에 참여하여 새로운 이론, 새로운 목회 방법론 등을 배우고 경험한다. 그리고 각자의 교회로 돌아가 새롭게 각오를 다지면서 교회에 적용하려고 애쓴다. 그러나 성공하는 경우는 많지 않다. 성공했더라도 오래 지속하지 못한다. 각 교회 상황이 광야이기 때문이다. 각 교회의 상황이 다르고, 환경이 다르고 사람이 다르기 때문이다. 모든 사람에게 모든 상황에 적합한 만능 프로그램이란 존재하지 않는다.

'광야'란 길을 내야 하는 곳이다.

사람의 마음은 광야와 같다. 사람의 건강 상태, 심리상태, 영적 상태 역시 광야와 같다. 매일 아침 일어날 때마다 당혹스러운 나 자신을 발견한다. 오늘 새롭게 만나는 '나'를 볼 때마다 당혹스럽다. 어떤 날은 날아갈 듯 기분이 좋고, 에너지가 넘친다. 기분이 너무 좋고 무엇이든 다 감사하고 행복하다. 기도도 잘되고, 하나님의 동행하심이 느껴져 새 힘이 솟고, 모든 일이 잘될 것 같고, 할 수 있을 것 같다. 기억력도 좋고, 좋은 아이디어도 번뜩이고, 오래 자거나 잘 먹지도 못했는데 온몸에 힘이 솟아나 세상에 나만큼 행복한 사람이 없어 보인다.

그러나 어떤 날은 염려가 엄습한다.

모든 것이 비관적이 되고 앞길이 하나도 보이지 않는다. 나처럼 불운한 사람은 없다는 자기 연민에 휘둘린다. 할 수 있고 잘할 수 있는 것이 아무것도 없는 것 같다. 믿었던 관계들도 의심이 들며, 탄식이 올라온다. 기도도 나오지 않고 온 종일 침울하다. 사람에 대한 관심, 삶에 대한 관심이 사라지고 한없이 무기력해진다. 어떤 사람도 어떤 것도 아무 도움이 안 될 것 같은 절망을 느낀다.

변덕스러운 내 마음, 알 수 없는 내 몸뚱아리, 종잡을 수 없이 복잡한 내 머리 속…. 도대체 내 몸인데 내가 가장 잘 아는 내 자신인데 알 수가 없다. 통제가 안 된다. 변덕이 심하다. 종잡을 수가 없다.

그래서 나 역시 '광야'이다.

목사님! 기독교인이 자살하면 천국에 갈 수 있나요?

상담실 계정 메일로 긴급 상담을 요하는 편지 한 통이 배달되었다.

20대 중반의 한 청년의 편지였다. 세 장 정도 되는 분량의 비교적 많은 내용을 담은 글이었다. 청년의 글에 담겨 있는 정서는 침울했다. 두 장이 넘는 분량에 걸쳐, 그동안 태어나 자라 오면서 자신의 삶이 얼마나 비극적인 삶의 여정을 겪어왔는지가 적혀있었다. 청년의 삶은 정말로 끔찍했다. 어떻게 어린 청년이 이런 험난한 인생의 파도를 겪었을까 싶을 정도로 청년의 생애는 비참하고 어려웠고 참담했다. 그 가운데에서도 청년은 믿음을 붙잡고 겨우 겨우 버티고 살아왔다는 것이다. 그리고 편지 마지막 부분에 나의 숨이 턱 막히도록 충격적인 질문을 하나 던지고 있었다.

목사님! 기독교인이 자살하면 천국에 갈 수 있나요?

그 질문을 읽는 순간 온몸에 핏줄이 곤두섰다.

'위험하다. 자살시도 직전이다!'라는 판단이 서며 머리가 쭈뼛해지고 망치에 얻어맞은 듯 충격으로 멍해졌다.

이 물음은 인생의 한 순간에 감상에 빠져 습관적으로 입에서 툭

튀어나온 단순한 질문이 아니었다. 단순한 영적 호기심이나 신학적 논쟁을 위해 던진 막연한 질문은 더더욱 아니었다.

이 질문에 내 온몸의 신경이 곤두선 이유는, 직감적으로 청년이 심각한 자살 충동을 느끼고 있으며, 곧 자살을 행동으로 옮기기 직전 상태임을 느꼈기 때문이다.

시간이 많지 않다. 무엇이라도 해야 한다.
목적은 분명했다. 무조건 살려야 한다. 이유가 없다. 무조건이다. 이 위기 상황에서 SOS를 청한 청년에게 당장 답장을 보내 어떻게든 자살충동을 막아야 한다. 그러나 어떻게 답장을 써야 하는가? 어떤 글을 보내야 청년의 마음을 죽음에서 생명의 소망으로 전환시킬 수 있을까? 아니, 생명의 빛은 고사하고라도 일단 죽음을 향해 걸어가는 청년의 걸음을 멈추게 할 수 있을까?

그것이 그 당시 내게 주어진 광야였고 내가 그 현장에서 반드시 찾아야 하는 길이었다. 이 청년을 향해 내가 보내는 메일의 어떤 문장이, 지금 이 청년을 살릴 수 있는 유일한 길이었다.

다급한 마음으로 하나님 앞에 엎드렸다. 청년에게 써서 보낼 답변의 문구를 달라고 간절히 기도했다. 놀랍게도 곧 생각이 떠올랐다. 신속히 메일을 열고, 주신 마음을 따라 기도하며 메일의 답장을 보냈다.

너무도 길고 어두운 터널을 지나고 계시네요.

그동안 정말 많이 힘드셨겠다는 생각을 하게 되었습니다.
저도 보내주신 글을 읽으며 마음이 많이 아프고 안타까웠습니다.
그런 중에도 이렇게 편지를 보내 주신 것은
아직 믿음 중에 소망을 붙잡고 계신 것이 분명하다고 생각합니다.
그런데, 형제님!
'기독교인이 자살하면 천국에 갈 수 있는가?'라는 이 질문이
왜 형제님에게 그토록 중요한 질문이 되고 있는지요?
그 이유가 궁금합니다.
제가 시간을 마련해 놓을 테니 상담실로 와서
저와 깊은 이야기를 나누시면 어떨까요?
도와드리고 싶습니다.

일단 메일을 보내 마음을 진정시키며 답장을 기다렸다. 생각보다 답장이 빨리 왔다. 만남을 원한다는 응답이었다. 긴급히 서둘러 약속을 정했다. 상담이 시작되었다. 그리고 몇 개월의 상담을 통해 청년은 안정을 찾아갔고 새로운 삶을 시작하려는 변화의 의지를 보였다.

광야 같은 청년의 삶에 하나님의 새 길이 열렸다. 물론 상황은 많이 힘들고 어려웠다. 앞으로 또 다른 위험과 위협이 청년의 인생에 걸림돌로 등장할 것이다.

그러나 청년 안에 새로운 소망을 준 것만은 확실했다. 그 다음 고비도 무사히 넘어가 주기를 간절히 기도하는 마음으로 상담을 마무리했다.

JMS는 이단인가요?

상담실로부터 긴급하게 나를 찾는 전화가 걸려왔다. 30대 초반의 청년이 상담실로 찾아왔는데 상담실 담당 목사를 급히 찾는다고 했다. 외부 약속을 취소하고, 곧바로 상담실로 달려갔다.

청년은 매서운 눈매를 가졌고 불만이 가득 찬 태도와 어둡고 긴장된 얼굴로 나를 기다리고 있다. 정중하게 인사를 건넨 후 상담실에 온 이유와 목적을 물어보았다.

네! 제가 상담실 담당 목사입니다. 어떤 일로 저를 찾으셨지요?
목사님! JMS가 이단인가요?

청년은 퉁명스럽게 첫마디를 내뱉었다. 뭔가 단단히 화가 난 듯한 목소리였다. 갑작스런 질문에 나 역시 당황스러웠다. 상담에도 기본 예의라는 것이 있다. 일단 상담실에 오면 내담자들은 먼저 자신이 누구이고 어떤 문제로 왔는지에 대해 인사를 하는 것이 기본예절이다.

그런데, 청년은 자기소개도 없고 찾아온 이유와 배경도 설명하지 않은 채, 본인이 궁금한 사항에 감정을 실어 퉁명스럽고 무례하게 내뱉은 것이다. 화풀이를 하듯이 말이다.

JMS가 이단인가요?

무엇이 그리 급했길래, 무엇에 그리 마음을 다쳐 화가 났기에 처음

보는 목회자 앞에서 화를 내며 질문을 던질까? JMS가 이단이냐 질문에 대해 간단히 대답해 줄 수도 있었다.

맞아요! 이단입니다!

답을 해 주고 싶은 충동이 목구멍까지 올라왔다. 그런데, 하나님께서 그때 내 입을 막으셨고, 좋은 질문 하나를 생각나게 하셨다.

형제님! 제가 대답을 해 주는 것이 형제님에게 무슨 도움이 되나요?

순간 당황했는지 눈빛이 흔들렸다. 질문을 하러 왔는데, 갑자기 생각하지 못한 질문을 받아 어리둥절한 것 같았다. 그러나 곧 질문의 의미를 알아차리는 것 같았다. 내 질문의 의도는 이것이었다. '나는 대답을 해 줄 수 있으나, 당신이 받아들이지 않으면 아무 소용이 없다. 내가 대답을 해 주면, 당신은 받아들일 준비가 되어 있냐?'

그 형제는 더듬더듬 내가 던진 질문에 대답을 하면서 자신의 상황을 정리하기 시작했다.

제 생각은, … 외부 교인들에게 이 교회가 건강한 교회라고 알려져 있고요. 이 교회에서 세운 상담실 목사님의 판단은 신뢰할 수 있을 것이란 생각에서 여길 찾아왔구요. 여기서 상담 받고 도움을 얻으면, 제 판단에 도움이 될 것 같아서 찾아왔습니다.

청년은 이곳에 온 이유와 목적을 잘 정리해 나갔다. 대답을 마치자, 나는 확인하고 싶은 마음에 한 번 더 질문을 던졌다.

그러시다면, 형제님! 제가 형제님께 제 대답을 해드리면, 제 말을 신뢰하고 제 말을 받아들이실 건가요?

청년은 머뭇거림도 없이 대답했다.

네! 목사님께서 말씀해 주시면, 믿겠습니다!

나는 단호히 말했다.

이단입니다!

청년은 대답했다.

네! 알겠습니다. 큰 도움이 되었습니다. 감사드립니다!

청년은 꾸벅 인사를 하더니, 상담실 문을 박차고 나가 버렸다. 단 15분도 안 걸린 내 생애 가장 짧은 시간 동안 이루어진 상담이었다. 순간에 주신 판단과 지혜로 좋은 도움을 줄 수 있었다.

규칙을 바꾸니 모두가 행복했다!

교역자 40명이 함께 수련회를 갔다. 교역자 수련회 때 쓰라고 한 장로님께서 간식비 30만원을 후원해 주셨다. 어떻게 사용할까 고민하다가 식사 후 친선 볼링 경기를 열기로 하고 4명씩 10개조로 편성한 후, 1등 팀 교역자에게 30만원을 주는 상금을 걸기로 했다. 액수가 액수이니 만큼 모두가 흥분했고 의욕적으로 경기에 임했다. 볼링핀이 쓰러질 때마다 여기저기서 박수와 함성 그리고 안타까움의 탄성이 울려 퍼졌다. 분위기가 꽤 괜찮았다.

그러나 4프레임을 지나자, 1등에서 3등 팀과 그 이하 팀의 점수 차가 확연히 벌어지기 시작했고 분위기가 산만해지기 시작했다. 상위 그룹만 신이 나서 게임을 하고, 나머지 그룹은 뿔뿔이 흩어지고 있었다. 핸드폰을 하거나 밖으로 나가 있는지, 몇몇의 교역자들은 아예 보이지도 않았다. 이런 상황을 파악한 진행팀에서 상금 규칙을 바꾸었다.

1등에게 30만 원을 몰아주기로 한 규칙을 1등, 5등, 9등에게 각 10만 원씩 상금을 주는 것으로 규칙을 수정했다. 새로운 규칙이 발표되자 모두가 다시 흥분하기 시작했다. 모든 팀들이 끝까지 숨죽이며 열심히 경기에 임했다.

이 규칙에 의하면, 1등을 불가능하다할지라도 5등이나 9등은 어느 팀이든 가능성이 있다. 게다가 어느 팀이 5등이 될지, 9등이 될지는 끝까지 가봐야 한다. 그래서 경기는 다시 활기를 되찾았다. 모든 교역자들이 적극적으로 참여했고, 마지막 10프레임 마지막 한 사람에게까지 박수를 치며, 모두가 재미있는 경기를 치를 수 있었다.

이 이야기가 더욱 기억에 남는 이유는 내가 속한 팀이 9등을 했기 때문이다. 9등을 했음에도 상금을 탈 수 있는 은혜로운 경기여서 더욱 잊을 수 없었다. 진부한 규칙에 흥미를 잃었던 경기를 간단히 규칙을 수정함으로 모두가 끝까지 재미있었던 기억으로 남도록 만든 탁월한 지혜가 돋보인 경험이었다.

오늘도 우리는 광야에서 다시 시작해야 한다. 그리고 그 광야로 또다시 나아가야 한다. 날마다 새로운 광야가 우리를 매일 기다린다. 오늘 새로운 광야가 열렸다. 매일 새로운 사람이다. 매일이 낯설고 새로운 길이다. 오늘의 길은 어제의 길과 다르다. 내일은 또 다른 길을 가야 한다. 어제의 나와 오늘의 나는 다르다. 그리고 내일 나는 다시 또 변할 것이다.

사람은 변화의 존재이고 발달의 존재이다. 그래서 오늘도 기도하는 마음으로 새로운 광야에 다시 서야 한다. 하나님께서 주신 탁월한 하늘의 지혜를 가지고서 말이다.

세 번째 포인트 : 선포하라, 이루어진다

하나님께서 영적 리더 이사야를 통해 당부하신 내용은 '말씀을 외치라!'는 메시지 선포였다.

말하는 자의 소리여 이르되 외치라 대답하되 내가 무엇이라 외치리이까 하니 이르되 모든 육체는 풀이요 그의 모든 아름다움은 들의 꽃과 같으니(사 40:6)

말씀은 외쳐야 한다

'말, 언어, 소리, 음악, 리듬, 말씀, 영' 등 이 단어들은 공통적인 특징이 있다. 모두 형체가 없고 보이지 않는다. 무형의 것이며 잡혀지거나 만져지지 않고 잘 확인할 수 없다. 그러나 분명히 존재하는 실체이다. 더군다나 보이지 않은 이 실체들은 아주 강력하게 사람들에게 영향을 주는, 아니 가장 강력하게 사람들에게 영향을 주는 그 무엇이라고 할 수 있다.

사람은 언어와 소리, 말과 리듬에 강한 지배를 받는 존재이다. 동시에 '영'이라는 가장 강력한 실체에 지배와 다스림을 받는 영적 존재이다.

언어를 배울 때 반드시 알아야 할 중요한 사실이 있다. 언어는 소리를 내어 말해야 잘 배울 수 있다. 말은 '말을 함으로, 소리를 내뱉음으로' 배우게 된다. 한국 사람들이 10년 이상 많은 시간을 내어 영어를 배웠으면서도, 필리핀이나 인도 사람들보다 영어를 못하는 이유는 영어로 말할 기회가 없기 때문이다. 언어는 말하면 말할수록 실력이 늘고, 입을 다물고 있으면 잃어버리게 된다.

이 방법은 말씀을 배울 때에도 동일하게 적용된다. 성경말씀은 읽고 들음을 통해서도 배우지만, 말씀은 선포하고 말할 때 확실히 배우게 된다.

'말씀'은 성경이라는 책 안에 가두면 그 생명력이 나타나지 않는다. '말씀'은 '말씀을 말하면서' 배워야 한다. 말씀은 펼쳐서 선포할 때, 말씀이 된다. 설교는 말씀을 말씀 되게 하는 사건이며, 기록된 말씀(the Written Word)을 살아 있는 말씀(the Living Word)으로 재생시키는 사건이다.

말씀이 대언되고 선포될 때 말씀의 능력이 나타나는 사건은 에스겔 37장에 잘 기록되어 있다. 하나님은 선지자 에스겔을 이끄시고 마른 뼈 골짜기로 인도하신다.

> [1] 여호와께서 권능으로 내게 임재하시고 그의 영으로 나를 데리고 가서 골짜기 가운데 두셨는데 거기 뼈가 가득하더라 [2] 나를 그 뼈 사방으로 지나가게 하시기로 본즉 그 골짜기 지면에 뼈가 심히 많고 아주 말랐더라 [3] 그가 내게 이르시되 인자야 이 뼈들이 능히 살 수 있겠느냐 하시기로 내가 대답하되 주 여호와여 주께서 아시나이다(겔 37:1-3)

재미있는 것은 마른 뼈 골짜기를 보여주시며 하나님이 에스겔에게 던지시는 질문이다.

그가 내게 이르시되 인자야 이 뼈들이 능히 살 수 있겠느냐?

하나님도 참 짓궂으시다. 누가 보아도 뻔히 아는 사실을 에스겔에게 물으신다. 하나님께서는 에스겔이 보기에도 말라비틀어져 있는 뼈 무더기들을 보며 이것들이 능히 살 수 있겠느냐는 엉뚱한 질문을 던지시는 것이다.

마른 뼈를 바라본 에스겔의 생각은 에스겔에게 이렇게 이야기했을 것이다.

안 돼. 있을 수 없는 일이야. 절대 불가능해. 절대 안 돼!

지금까지 세상을 살아왔던 에스겔의 삶의 모든 경험은 에스겔에게 이렇게 이야기했을 것이다.

할 수 없다. 말도 안 되는 일이다. 이런 일은 있을 수 없다!

회생확률 0%. 절대 절망, 절대 암흑, 절대 죽음.
그것이 지금 에스겔의 눈 앞에 펼쳐져 있는 '마른 뼈의 상황'이다.

하나님! 이런 말도 안 되는 질문을 왜 하시는 거예요?
당연히 불가능하죠.
도저히 안 되는 거 하나님도 다 아시잖아요?
불가능한 일을 가지고, 저에게 물어보시면 어떻게 하란 말씀이신가요?

하나님이 에스겔에게 보여주신 마른 뼈는 삶에서 부딪히는 거대한 불가능 덩어리이다. 마른 뼈는 애굽이며 바벨론이고, 홍해이며 광야이고, 여리고이며 골리앗이다. 내 힘으로 안 된다. 내 능력으로 안 된다. 가능한 확률 0%, 객관적으로 0%, 생존 확률 0% 이다.

그런데, 그런 절대 불가능과 부정 앞에서 에스겔은 '불가능!' 이라고 대답하지 않는다. 아마 에스겔은 목구멍까지 '불가능합니다!'라는 말을 뱉어내고 싶었겠지만, 에스겔의 입에서는 전혀 다른 대답이 나왔다. 놀라운 고백이 에스겔의 입을 통해 나왔다.

주 여호와여! 주께서 아십니다!

이것이 바로 믿음의 고백이다. 믿음이 있는 자가 입술에 담고 있는 살아 있는 메시지를 향한 무한한 신뢰이다. 현실은 불가능하다. 상황은 아무 희망도 가능성도 없다. 그러나 믿음의 사람은 불가능을 믿거나 불가능을 말하지 않는다. 아직 하나님이 불가능이라고 말하지 않으셨기 때문이다.

우리가 확인하고 확신한 그 불가능 위에 전지전능하신 하나님의 다른 계획과 통치가 있음을 신뢰해야 하기 때문이다. 사실 100% 부정, 100% 불가능이란 존재하지 않는다. 나에게는 길이 막혔을지라도 하나님에게는 길이 많다. 나에게는 답이 없을지라도 하나님께는 아직 무수한 답이 남아있다. 에스겔 37장에 등장한 그 유명한 마른 뼈의 회생 장면은 바로, 그런 에스겔의 믿음의 고백에서 출발했다.

주 여호와여! 주께서 아십니다!

말씀의 능력은 하나님을 전폭적으로 신뢰하는 믿음의 고백에서 시작된다. 아무 일도 일어나지 않을 것 같다. 그런데 말씀을 열어 선포하면 마른 뼈가 살아나는 역사가 일어난다. 이때 필요한 사람이 믿음의 대언자이다. 하나님은 하나님의 대언자를 필요로 하신다. 대언은 결코 쉽지 않다. 대단한 믿음과 용기를 필요로 한다.

'선포'란 이루어질 것을 믿고, 하나님께서 주신 말씀을 가감 없이 입술을 열어 하나님의 영을 담아 과감히 던지는 것이다. 에스겔의 입술에 하나님이 생명의 말씀을 넣어 대언하게 하시자, 우주 공간에 있던 충만한 하나님의 생기가 마른 뼈들에게 들어가 살아났다.

무엇을 외쳐야 하는가?

이사야는 하나님 앞에 다시 질문한다.

말하는 자의 소리여 이르되 외치라 대답하되 내가 무엇이라 외치리이까 하니 이르되 모든 육체는 풀이요 그의 모든 아름다움은 들의 꽃과 같으니

하나님! 제가 무엇을 외쳐야 합니까?

대언자는 아무 말이나 외치는 사람이 아니다. 자기 마음에 옳은 것이나 자기 신념, 자기 주장을 세상을 향해 펼치는 것이 아니다. 대언자는 하나님이 대언자의 입술에 넣어주시는 하나님의 메시지(the Message)를 선포해야 한다.

지금 하나님이 이사야에게 선포하라고 주신 말씀은 '**모든 사람이 풀과 같다!**'라는 인간의 실존에 관한 말씀이다. 하나님의 메시지(the Message)는 영의 언어이며 강력하고 놀라운 영적 힘을 가지고 있다.

> 8 풀은 마르고 꽃은 시드나 우리 하나님의 말씀은 영원히 서리라 하라 9 아름다운 소식을 시온에 전하는 자여 너는 높은 산에 오르라 아름다운 소식을 예루살렘에 전하는 자여 너는 힘써 소리를 높이라 두려워하지 말고 소리를 높여 유다의 성읍들에게 이르기를 너희의 하나님을 보라 하라(사 40:8-9)

영의 언어를 가진 말씀의 사람은 먼저 높은 산에 올라가야 한다. 높은 산에 올라가야 하는 이유는 "하나님의 말씀이 영원히 서리라." 하신 이 복음을 더 넓은 세상에 크고 넓게 알려야 하기 때문이다. 감출 수 없는 복음의 진리와 능력을 더 많은 사람들이 알아야 하고, 더 많은 사람들이 깨달아야 하며, 더 많은 사람들의 믿고 구원받아야 한다. 그러니 높은 산 위에 당당하게 서서, 두려움을 과감히 이기고 큰 소리로 선포해야 한다. 크게 전하려면 입을 크게 열어야 한다. 소리를 크게 내어야 한다. 그냥 소리가 아니라 입을 열어 큰 소리로 외쳐야 한다. 무엇이라고 외쳐야 하는가? 이렇게 외쳐라.

너희의 하나님을 보라!
살아 계신 하나님이 계심을 보라!
그분이 행하시는 일들을 보라!
그분의 살아 계심을 신뢰하고 그분을 믿고 따르라!
그러면 당신이 믿는 그 하나님이 하신다!
하나님이 이기게 하신다!

대언자는,
안 보여도 말해야 한다.
안 들려도 말해야 한다.
안 믿어져도 말해야 한다.
믿음으로 선포하고 그 믿음대로 나아가야 한다.
영의 언어인 말씀을 가지고 믿음으로 나아가는 그 어느 순간, 놀라운 하늘의 권능이 담긴 하나님의 말씀의 능력이 그 공간과 시간, 사람과 상황에 덮이는 메시지 선포의 놀라운 열매를 얻게 될 것이다.

05

최강 메시지
_ 나는 여호와로라!

여전히, 점점 더 아파하는 우리들

'아내가 벌어다 주는 돈으로 놀고먹고 싶다.'

'Story On'이라는 캐이블 채널에 〈이 사람을 고발합니다!〉라는 시사토크 프로그램이 있었다. 매주 한 주제를 선정한 후, 한국 성인 남녀 200명을 대상으로 공식적인 설문조사를 통한 결과를 가지고 패널들과 함께 진행하는 시사 토크쇼이다.

이 프로그램에 호감을 갖게 된 이유는 프로그램에서 다루는 대부분의 주제들이 가정과 관련된 주제들이었기 때문이다.

어느 날, 이야기 주제가 '한국의 30-50대 남성들의 로망은?' 이었다. 현대를 사는 한국의 30-50대 남성들이 가장 기대하고 소망하는 바람은 무엇인가?에 대한 내용을 주제로 한국 남성들이 가장 원하는 Best 5의 목록이 공개되었다. 현재 한국 남성들이 가장 원하고 바라는 그것(?)은 무엇일까? 진행자가 1위의 내용을 공개하는 순간 나도 모르게 탄성이 올라왔다.

나는 아내가 벌어다 주는 돈으로 놀고먹고 싶다!

전체 응답자의 62.2%가 이 답에 응했다고 진행자가 보고하자 참석한 패널들의 얼굴에 놀라움과 동시에 폭소가 터졌다. 엉뚱하고 기막히지만 매우 설득력 있는 내용이었기 때문이다. 참석자 중 중년의 남자 패널 한 명이 이렇게 언급했다.

제 생각에는 응답자들이 정직하게 응답하지 않은 것 같습니다.
정말 정직하게 응답했다면 90%가 넘어야 한다고 생각합니다!

그 패널이 던진 말 한마디가 내 가슴에 박혔다. 가슴이 뭉클했고, 눈물이 글썽였다. 농담이 섞인 말이지만, 굉장한 진실을 담고 있는 말이기도 하다. 생업의 현장에서 죽을 만큼 힘겹게 가족의 생계를 책임지고 있는 지친 아버지들의 마음을 대변하는 듯한 말이었기 때문이다.

나는 대학에서 전기공학을 전공했다. 나는 중간에 전공을 바꾸어 신학을 했지만, 대학교 친구들은 졸업하기 전부터 대기업으로 스카우

트 되어 갔다. 입사한 친구들은 30대 중반부터 대기업을 나오기 시작하더니, 지금 거의 대부분이 대기업을 나와 자영업, 벤처기업, 학원 등으로 업종을 바꾸어 살고 있다.

가끔 동창회를 나가 친구들을 만나보면 변한 얼굴과 지난 시간 고생하며 살아왔던 모습에 깜짝 놀라곤 한다. 탈모로 고민하는 친구가 많았고, 심혈관 질환으로 고생한 친구들도 많다. 디스크, 당뇨, 우울증, 불안 장애, 공황 장애 약을 안 먹어 본 친구가 거의 없을 정도로 위기를 겪었던 과거를 토해 낸다. 그런데 아내들은 남편들이 그렇게 아픈 줄 모르고 있다. 아버지들이 생업의 현장에서 몸이 망가지도록 일을 하면서도 아내에게는 비밀로 하며 몰래 병원에서 치료받고 약을 먹으며 일을 하고 있는 것이다.

쉬고 싶어도 쉴 수가 없다. 아파도 입원할 수가 없다. 왜냐하면 지금 중년의 시기가 가족들에게 본격적으로 목돈이 들어가야 하는 때이기 때문이다. 대부분의 자녀들은 중, 고등학생이거나 대학생이다. 부모님들은 대부분은 은퇴하셨거나 병환 중에 계신다. 한 아버지의 어깨 위에 모든 가족의 생계가 달려 있다. 이 책임을 다하기 위해 고군분투하는 아버지들을 보며, 이땅의 모든 아버지들에게 큰 박수와 격려를 보내고 싶은 마음이 간절하다.

나는 아내가 벌어다 주는 돈으로 놀고먹고 싶다!

농담 인듯 농담 아닌 이 말 속에 현대 아버지들의 소박한 소망이 담겨 있다. 이렇게 말이라도 하고 싶은 것이다. 딱 한 달만, 아니 일주일만이라도 20년, 30년 지고 있던 그 무거운 생계부양의 책임을 잠깐 내려놓고 싶은 간절한 아버지들의 염원이 담긴 진심의 고백이다.

삶은 가히 전쟁 그 이상이다. 어느 직장 드라마에서는 전쟁이 아니라 지옥이라고 표현했을 정도이다. 생존의 치열한 전쟁 속에서 상하고 깨지고 무너지고 고통스러운 오늘의 아버지들이 잠시 이런 말이라도 토해 내며 위로를 삼고 있는 것은 아닌지 생각해본다.

나는 아내가 벌어다 주는 돈으로 놀고 먹고 싶다!

아버지라는 자리,

잠시만이라도 사표 내면 안 될까?

더 이상 도저히 못하겠어요

현대인들은 분노 중독자들이 많다.

분노는 대개 좌절에서 온다. 자신의 원함이나 바람이나 소망이나 간구가 꺾이거나 좌절되었을 때 마음에 쌓이는 감정이 분노이다. 분노가 많다는 것은 그만큼 바람이 많이 꺾였다는 말이다. 그런데, 현대인들에게는 또 다른 분노가 있다. 잘했음에도, 이겼음에도, 이루었음에도 발생하는 분노이다. 노력도 많이 했고 공부도 많이 했고 능력도 많다. 잘했고 잘살았다. 애썼다. 노력했다. 결과와 성과도 만족스럽다. 그런데, 화가 난다.

이유는 여기에 있다. 나도 잘했는데, 나보다 더 잘한 사람이 주변에 있기 때문이다. 나도 잘했지만, 내가 한 것보다 더 잘하고, 더 멋지고, 더 똑똑하고 유능한 사람이 주변에 있을 때 화가 난다.

현대인들은 성취도 많고 지식도 많고 정보도 많지만 분노와 절망도 많다. 좋은 성취일수록, 최선을 다해 얻은 좋은 결과일수록 그 결과가 주는 분노와 좌절감의 고통은 크다. 그런데 이런 일은 아주 오랜 옛날에도 있었던 것 같다.

하나님의 말씀을 붙잡고 순종했지만

출애굽기 5장에 등장하는 모세의 마음이 지금 그렇다. 출애굽기 5장에서 만나는 모세는 왠지 하나님 앞에서 심기가 불편하다. 하나님께 화가 잔뜩 나 있다. 감히 하나님께 이렇게 대들고 있다.

> ²² 모세가 여호와께 돌아와서 아뢰되 주여 어찌하여 이 백성이 학대를 당하게 하셨나이까 어찌하여 나를 보내셨나이까 ²³ 내가 바로에게 들어가서 주의 이름으로 말한 후로부터 그가 이 백성을 더 학대하며 주께서도 주의 백성을 구원하지 아니하시나이다(출 5:22-23)

모세의 태도가 조금 걱정스러울 만큼 당돌하다.
어찌 감히 하나님 앞에 화를 낼 수 있는가? 그런데 지금 모세의 심기는 매우 불편하다.

주여 어찌하여 이 백성이 학대를 당하게 하셨나이까?

모세가 먼저 하나님께 출애굽의 선봉에 서겠다고 부탁한 것이 아니었다. 출애굽을 제안한 분은 하나님이시다. 하나님이 찾아오셔서 모세를 부르셨다. 하나님이 억지로 모세를 설득하여 세우신 자리이다. 모세는 이 일의 어려움을 알고, 적어도 여섯 번 이상 거절했다.

모세는 '신중형' 스타일의 사람이다. 신중형의 사람은 데이터, 즉 자료와 정보를 중요시한다. 자료를 통해 확신을 갖고 빠르게 손익을 계산하며 움직이는 사람이다. 하나님이 출애굽을 제안하자 모세는 바로 뒷걸음질친다. 모세가 제안을 거절한 이유는 애굽을 너무 잘 알고 있었기 때문이다.

모세는 애굽 궁전에서 40년 동안 최상의 위치에서 최고의 권세를 누리며 최고의 전문가로 살았던 사람이다. 누가 모세만큼 애굽을 잘 알 수 있었을까? 모세는 바로가 어떤 사람인지 제국의 권력과 위용이 얼마나 큰지 히브리 노예의 노동력이 얼마나 중요한지를 너무도 잘 알고 있는 애굽 전문가였다.

히브리 노예를 애굽의 바로로부터 해방시켜야 한다는 하나님의 제안 앞에, 모세는 생각할 겨를도 없이 재빠르게 결론을 내린다. '불가능!'이라는 것이었다. 하나님이 하신다고 해도, 모세는 자신이 없었다. 하나님의 요청을 이런 저런 핑계를 대며, 계속 거절했다.

그러나 포기가 없으신 위대한 하나님을 거부할 수는 없었다. 모세는 "내가 반드시 너와 함께하여 출애굽시키겠다."는 말씀을 굳게 믿고, 용기를 내어 지팡이를 붙잡았다. 그리고 순종함으로 바로 앞에 나아갔다. 하나님의 위대한 말씀을 선포하며, 하나님의 백성 이스라엘을 해방시킬 것을 담대히 선포했다. 놀랍고 용기 있는 위대한 도전이 아닐 수 없었다.

그런데, 그 순종의 결과는 어떠했는가?
모세가 하나님의 말씀을 믿고 순종한 결과는 정말 끔찍했다. 역시, 모세의 예상대로였다. 기적은 일어나지 않았고, 바로는 꿈쩍도 하지 않았다. 히브리 노예 해방은 그 첫 만남에서 이루어지지 않았다. 하나님을 믿고 말씀을 붙잡고 말씀을 선포하고, 말씀을 의지하여 나아갔지만, 결과는 모세가 예측한 대로 '안 돼'라는 허무한 답변이었다.

그것뿐이 아니었다.
바로는 '안 돼!'로 넘어가지 않았다. 바로는 고대 근동의 최고 권력자를 건드린 대가를 혹독하게 치르게 했다. 화가 난 고대 근동의 제왕은 이스라엘에게 즉각 보복해 왔다. 히브리 노예에 대한 더 혹독한 노역과 학대가 시작된 것이다.

말씀을 듣고 말씀대로 순종했던 결과에 비극이 일어났다. 믿음으로 순종한 결과는 상상을 초월한 부작용과 비극을 불러왔다. 모세는 자신이 한 믿음의 행동에 의해 죄 없는 동족들이 엄청난 보복을 당하는 핍박과 고난의 상황을 목격해야 했다. 그래서 지금 이렇게 하나님을 찾아가, 분노를 감추지 못하고 화를 토해 내고 있는 것이다.

주여 어찌하여 이 백성이 학대를 당하게 하셨나이까

이제, 모세의 심정을 좀 이해할 수 있을 것이다. 모세가 하나님을 찾아가 분노를 표현한 내용을 현대의 언어로 바꾸면 이럴 것이다.

하나님 도대체 이게 뭡니까?
하나님, 어떻게 저에게 이러실 수가 있죠?
제가 처음부터 안 한다고 했잖아요? 안 될 거라고 했잖아요?
하나님 도대체 이게 뭐예요?

마음이 상할 대로 상한 모세는 하나님 앞에 한없이 분노를 쏟아 낸다. 이미 그의 가슴을 갈갈이 찢어졌다. 이때 하나님께서 모세에게 다가오셔서 따뜻한 위로를 한마디라도 해 주셨다면 얼마나 좋았을까? 그런데 하나님은 그렇게 하지 않으신다.

낙심과 수치, 패배와 절망감으로 마음을 심하게 다친 모세에게 하나님은 새로운 명령을 내리신다.

⁶ 그러므로 이스라엘 자손에게 말하기를 나는 여호와라 내가 애굽 사람의 무거운 짐 밑에서 너희를 빼내며 그들의 노역에서 너희를 건지며 편 팔과 여

러 큰 심판들로써 너희를 속량하여 ⁷ 너희를 내 백성으로 삼고 나는 너희의 하나님이 되리니 나는 애굽 사람의 무거운 짐 밑에서 너희를 빼낸 너희의 하나님 여호와인 줄 너희가 알지라 ⁸ 내가 아브라함과 이삭과 야곱에게 주기로 맹세한 땅으로 너희를 인도하고 그 땅을 너희에게 주어 기업을 삼게 하리라 나는 여호와라 하셨다 하라(출 6:6-8)

사명에 관한한 철저하신 하나님, 사명을 이루시기 위해 냉철하고 냉정하신 하나님은 단 한마디의 위로도 없이 이스라엘 백성을 향해 나아가 말씀을 전하라고 하신다. 그런데 놀라운 것은 바보스러울 만큼 어이없는 모세의 태도이다.

모세는 바보같이 또 순종한다.

이럴 수가 있는가? 그렇게 하나님 앞에 화를 내고, 하나님 앞에 당당했던 모세는, 바로 꼬리를 내리고 말씀에 바로 순종하여 이스라엘 백성에게로 가서 말씀을 전달한다. 이번에는 결과가 좋았을까? 아니다. 좋지 않았다. 현실은 냉혹했다.

⁹ 모세가 이와 같이 이스라엘 자손에게 전하나 그들이 마음의 상함과 가혹한 노역으로 말미암아 모세의 말을 듣지 아니하였더라(출 6:9)

참고 참고 또 참아 겨우 순종했는데, 결과는 '더 안 좋음!'이었다.

상황은 이제 이스라엘 백성들도 모세의 말을 듣지 않게 될 만큼 악화되었다. 물론 이스라엘 백성들의 태도가 이해된다. 모세가 괜히

더서는 바람에 심각한 노역이 가중되었으니 모세에게 결코 호의적일 수 없었을 것이다. 이제 모세는 누구의 지지도 받지 못한다. 모세를 지지하고 격려해 주어야 할, 같은 편 이스라엘 사람들까지도 그에게서 등을 돌리고 있다.

타협할 것인가, 버텨낼 것인가

이것이 말씀을 믿고, 말씀에 순종한 모세에게 찾아온 두 번째 결과였다. 믿음의 여정 중에는 이런 과정이 찾아온다. 잘못한 게 없다. 하나님만 믿고 순종했을 뿐이다. 분명 말씀을 들었고 그래서 확신했고 순종했을 뿐이다. 언약의 말씀도 틀림없었고 확신했고 기대했으며 인내로 순종했다.

그런데 결과는 기대와 전혀 달랐다. 냉혹한 현실만 있다. 절대 일어나지 말아야 할 비극, 절대 일어나서는 안 될 처참한 결과만 남았다. 믿음은 엉키고 관계는 꼬이고 삶은 엉망진창이 되었다. 심지어, 나를 믿고 나를 지지해 주었던 내 편, 내 가족, 내 동지, 내 민족까지 등을 돌리고, 나를 밀어내기 시작하면서, 왕따를 당하게 되었다. 믿음으로 하나님의 일을 시작했는데 돌아오는 것은 '외톨이, 배신자, 문제아'라는 씁쓸한 낙인뿐이다.

신앙의 흔들림은 바로 이럴 때 찾아온다. 내가 믿고 있던 믿음의 한계, 믿음의 바닥은 바로 이럴 때 드러난다.

"내가 제대로 믿고 있나?

내가 정말 신앙이 있나?

정말 하나님은 계신가?

그분은 정말 인자와 자비와 사랑이 무한하신 하나님이신가?

내가 정말 하나님 말씀과 인도함을 제대로 받고 있나?"

모세의 마음과 믿음이 흔들리기 시작한다. 모세 스스로도 자신이 무너지고 있음을 느낀다. 처음의 확신과 신념, 결단과 결심이 점점 약해지고 있다. 하나님을 향한 신뢰가 점점 약해지고 있다. 믿음이 점점 작아지고 있다.

이 위기의 순간에 하나님은 도대체 무엇을 하고 계시는가? 작은 신음에도 응답하시는 하나님, 상한 갈대도 꺾지 않고 꺼져가는 등불도 끄지 않으시는 인자와 자비와 긍휼의 하나님은 도대체 어디에 계시는가? 따뜻한 하나님의 위로와 격려 한마디면 다시 용기를 내 어 일어설 수 있을 텐데…. 그런 모세를 다시 찾아오신 하나님은 끔찍하게 냉정하시기만 하다.

> 들어가서 애굽 왕 바로에게 말하여 이스라엘 자손을 그 땅에서 내보내게 하라(출 6:11)

하나님은 모세를 향해 다시 바로에게 가서, 이스라엘 자손을 그 땅에서 내보내라는 말을 다시 전하라고 명령하신다. 하나님은 모세의 마지막 인내를 무너뜨리신다. 자기 가족, 자기 동족마저 등을 돌린 외톨이 모세에게 하나님은 절대 강자 바로 앞에 한 번 더 맞서라는 어처구니 없는 명령을 또 내리고 계시는 것이다.

결국 인내의 한계점에 이르렀다. 모세는 무너진다. 모세는 이렇게 말한다.

모세가 여호와 앞에 아뢰어 이르되 이스라엘 자손도 내 말을 듣지 아니하였거든 바로가 어찌 들으리이까 나는 입이 둔한 자니이다(출 6:12)

모세의 항변을 현대 언어로 바꾸면 아마 이런 내용이 될 것이다.

하나님! 정말 너무하시네요!
이제 우리 동족인 이스라엘 백성들도 내 말을 듣지 않습니다.
우리 편도 내 말을 들어주지 않는데
바로에게 또다시 가서 이 말을 전하라니요?
전 못하겠어요. 아니, 저 안 할래요.
전 못하겠어요! 하나님! 다른 사람 시키세요!

출애굽기 6장에서 일어난 사건이다.

출애굽 열 재앙은 출애굽기 7장에서부터 시작되니, 본격적인 전쟁은 아직 시작도 안했다. 그런데 모세는 이미 지쳤다. 이미 무너질 대로 무너져 내렸다. 열 재앙은 시작도 못해 보고 끝날 판이다. 출애굽의 서막이 될 열 재앙은 선포하지도 않았는데, 도대체 모세는 벌써 몇 번째 무너지고 있는가?

출애굽은 이런 모세의 시련과 좌절을 넘어 얻게 된 열매였다. 우리는 모세의 출애굽이 이런 시련과 고난의 파도를 넘어 얻은 결과임을 잊어서는 안 된다. 결국 믿음이란 '누가 포기하지 않는가?' '누가 끝까지 믿는가?'이다.

생명을 살리는 믿음이란 결코 한 순간에만 잘 믿는 것이 아니다. 시련이 끊임없이 온다. 하나님의 동행도 있고, 말씀도 있고, 기적도 있고, 권능도 있다. 든든함도 있고, 위로도 있고, 동역자도 있고, 지혜도 있다. 그러나 출애굽이란 그래도 힘든 것이다. 지치고 다시 돌아가 주저앉고 싶고, 포기하고 싶을 만큼 힘겨운 것이다.

테라피의 과정, 치유와 회복이란 바로 이러한 과정이다.
강력한 애굽과의 싸움, 결코 이길 수 없는 거대한 세상 세력과의 피비린내 나는 전쟁, 상처와 고통과의 처절한 싸움이 바로 이 싸움이다. 상처란 거대한 애굽 제국을 부수는 것이기에 우리의 의식과 의지는 너무나 초라하고 작고 연약해 보인다. 결코 넘어설 수 없는 불가능처럼 보인다. 그때시 대부분의 사람들이 취하는 태도는 '타협'이다. 아주 '적당한 타협' 그리고 그 가운데 묻혀 지내며, 생득적 방법을 습득한다. 출애굽은 꿈도 못꾼 채 그 애굽 안에서 그냥 하나님을 믿는 노예로 살다가 생을 마감해 버린다.

나는 여호와로라!

그렇다면 하나님은 그렇게 무자비하신 분이신가?
모세에게 일방적으로 무리한 요구만 하시는 폭군이신가? 아니다. 절대 그렇지 않다. 하나님은 마치 지독한 해병대 교관처럼 계속적인 지시와 명령만 내리신다. 그러나 하나님은 소망의 하나님, 위로의 하나님, 전능한 하나님이시다. 여기에 위대한 하나님의 메시지가 숨겨져 있다.

좌절된 모세를 일으키시고 불가능한 출애굽을 가능하게 하신 대역전의 드라마를 쓰신 위대한 메시지의 비밀이 바로 이 말씀에 숨겨져 있다. 하나님이 모세와 계속 대화하시면서, 반복해서 주신 통일된 메시지가 있다. 바로 **"나는 여호와로라!"**이다.

[1] 여호와께서 모세에게 이르시되 이제 내가 바로에게 하는 일을 네가 보리라 강한 손으로 말미암아 바로가 그들을 보내리라 강한 손으로 말미암아 바로가 그들을 그의 땅에서 쫓아내리라 [2] 하나님이 모세에게 말씀하여 이르시

되 나는 여호와이니라 ⁶ 그러므로 이스라엘 자손에게 말하기를 나는 여호와라 내가 애굽 사람의 무거운 짐 밑에서 너희를 빼내며 그들의 노역에서 너희를 건지며 편 팔과 여러 큰 심판들로써 너희를 속량하여 ⁸ 내가 아브라함과 이삭과 야곱에게 주기로 맹세한 땅으로 너희를 인도하고 그 땅을 너희에게 주어 기업을 삼게 하리라 나는 여호와라 하셨다 하라(출 6:1-2, 6, 8)

하나님은 출애굽의 버거운 짐을 지고 넘어지고 힘겨워하는 모세에게 "나는 여호와로라"는 강력한 메시지를 세 번이나 반복해서 주신다. 이 메시지 안에 담긴 하나님의 진위는 무엇일까? 이 말씀 안에 담긴 강력한 메시지(the Message)를 네 가지 의미로 해석해 보았다.

첫째, '나는 여호와로라!' 말의 의미는 '모세야, 하나님인 나는 다 알고 있다. 모세야! 나는 네가 지금 얼마나 어렵고 힘든 지 다 알고 있다. 너의 어깨에 놓인 그 짐이 얼마나 무거운지 누구보다 잘 알고 있다! 너의 고난과 어려움, 환란과 인내, 불안, 염려, 근심, 고통의 그 아픔이 얼마나 힘겹고 버거운지 다 안다. 내가 너의 하나님 여호와다!'라는 뜻이다.

그분이 왜 모르실까? 그분은 하나님이시다.
하나님은 이미 다 알고 계시다. '나는 여호와로라!'라는 메시지는 '내가 여호와이기에 모세 네가 지금 얼마나 힘들어하는지 모세가 지금 얼마나 고통 가운데 무거운 짐을 지고 있는지 모두 알고 계시다.'라는 뜻이다.

모세의 하나님은 인간의 모든 아픔과 고통을 체휼하시는 하나님, 고통 받는 그분의 자녀들의 억울함과 아픔을 기억하고 함께 고통에 참여하시는 하나님이시다. 하나님은 그 엄청난 위로를 이 짧은 한마디에 압축하여 모세에게 전달하고 계시다.

둘째, '나는 여호와로라!' 말의 의미는 '모세야! 하나님인 나는 다 알고 있다. 모세야! 나는 네가 지금 얼마나 애쓰고 노력하고 있는지도 다 알고 있다. 그 어렵고 힘든 일을 포기하지 않고, 물러서지 않고, 어떻게든 해내려고 하는 너의 믿음과 수고를 나는 다 알고 있다. 수많은 좌절과 실패에도 불구하고, 쉬지 않고 노력하는 것도 다 안다. 모세야! 내가 여호와 하나님인데 왜 모르겠느냐?'라는 뜻이다.

하나님은 이미 다 알고 계시다. 그동안 모세가 얼마나 힘쓰고 애쓰고 노력했는지를 말이다. 이를 악물고 한계의 한계 상황까지 참으며 수고를 아끼지 않은 헌신을 말이다. 하나님의 백성들의 애씀과 수고를 기억하시는 하나님, 실패와 좌절에도 굴복하지 않고, 의지와 마음을 새롭게 함으로 하나님의 명령을 준행하기 위해 얼마나 열심히 달려갔는지를 다 아시는 하나님이시다.

셋째, '나는 여호와로라!'라는 말의 의미는 '모세야! 나는 여호와이다. 나는 전능한 여호와이기에 지금 네 인생의 출구와 해답, 그리고 이스라엘 민족을 출애굽시킬 모든 방법과 해법도 내 안에 있다. 나는 전지전능한 여호와 하나님이다!'라는 뜻이다.

그분은 하나님이시다.

출애굽의 길은 바로의 손에 있지 않고 하나님의 손 안에 있다. 비록 지금 모세에게 닥친 상황이 애굽과 바로라는 거대한 장벽에 가로막혀 출애굽이 불가능해 보일지라도, 오직 출애굽의 길은 전능하신 여호와의 손과 의지에 달려 있다. 바로도 크고 애굽도 거대하며 출애굽이란 사건은 모세의 작은 힘과 능력으로는 감당할 수 없다. 하지만 아무리 바로와 애굽의 힘이 강력할지라도 전능하신 하나님의 권능 아래 있음을 믿고 하나님의 해답을 바라보라는 강력한 메시지이다.

전능하신 하나님이 함께하시니 주저하지 말고 믿음을 가지고 앞으로 계속 나아가라는 최고의 격려 메시지이다.

넷째, '나는 여호와로라!'라는 말의 의미는 '모세야! 내가 여호와이다. 내가 여호와이기에 너는 나를 믿어야 한다. 그리고 지금까지 그랬던 것처럼 끝까지 믿어야 한다. 왜냐하면 내가 여호와 하나님이기 때문이다.'라는 뜻이다.

모세가 믿기로 작정하고 시작한 그 험난한 믿음의 여정을 끝까지 완주해야 한다는 하나님의 요청이다. 출애굽을 약속하셨고, 이미 시작하셨기에 끝까지 이루실 줄 믿고, 믿음의 경주를 온전히 다할 것을 제안하시는 거룩한 메시지이다.

나는 약속의 하나님이다.

내가 네게 약속한 일을 반드시 이룰 것이다.

출애굽은 있다.

나는 너희 백성을 인도하여 끝내 가나안을 향하게 할 것이다.

출애굽은 반드시 이루어지고, 가나안은 끝내 들어가게 될 것이다.

약속은 반드시 이루어진다!

그리고 정말 하나님은 그 메시지를 이루셨다. 하나님은 끝내 이스라엘 백성을 출애굽시키셔서 가나안 땅으로 인도하여 내셨다. 그리고 이미 우리는 그 놀랍고 엄청난 결과를 알고 있다.

여호와께서 모세와 아론에게 말씀하사 그들로 이스라엘 자손과 애굽 왕 바로에게 명령을 전하고 이스라엘 자손을 애굽 땅에서 인도하여 내게 하시니라(출 6:13)

"나는 여호와로라!"

이 단순하고 간결한 메시지 안에는 세계 최강의 애굽 군대를 격파하고, 세계 최강자 바로를 뛰어넘으며, 불가능한 장벽 홍해를 넘어서고, 약속의 땅 가나안을 차지하게 하는 모세와 이스라엘을 향하신 하나님의 놀랍고 강력한 비밀이 숨겨져 있다.

메시지 안에 모든 것이 숨어 있다.

메시지 안에 하나님의 능력의 비밀이 숨어 있다.

메시지 안에 측량할 수 없는 하나님의 섬세하고 세밀한 보호와 인도하심이 있다.

메시지는 테라피이다.

온전히 회복된 나를 만나다

메시지가 채워질 때

태초에 메시지가 있었다

메시지 테라피 워밍업

메시지 속에 '당신,'이 있다

2부

'메시지'로 나를 찾다

06

태초에
메시지가 있었다

메시지가 테라피인 이유

태초의 말씀, 곧 '메시지'(the Message)[5]가 있었다.

말씀이신 하나님은 그의 메시지로 온 세상을 창조하셨다. 그리고 이 세상 구석구석에 온통 말씀을 심어 놓으셨다.

> [1] 하늘이 하나님의 영광을 선포하고 궁창이 그의 손으로 하신 일을 나타내는도다 [2] 날은 날에게 말하고 밤은 밤에게 지식을 전하니 [3] 언어도 없고 말씀도 없으며 들리는 소리도 없으나 [4] 그의 소리가 온 땅에 통하고 그의 말씀이 세상 끝까지 이르도다 하나님이 해를 위하여 하늘에 장막을 베푸셨도다(시 19:1-4)

---

[5] 메시지"(the Message)는 하나님의 말씀을 의미하므로, 일반에서 사용하는 '메시지' 용어와 차별화하기 위해 영어 대문자 "the Message"로 사용한다.

하나님이 지으신 모든 세계가 곧 말씀이다.

온 우주 만물, 해와 달과 별, 하늘과 바다와 땅, 날씨와 기후, 온갖 기기묘묘한 형체로 움직이는 동식물 등, 모든 생명체는 생명 그 자체이면서 하나님의 말씀을 대언하는 말씀의 통로이다.

온 세계는 말씀으로 충만하며 말씀으로 유지되며, 말씀으로 운행된다. 21세기 최첨단 과학이 아직도 해석해 내지 못하고 발견해 내지 못하는 자연만물의 모든 법칙과 질서와 규칙들은 하나님의 완벽하고도 정교하게 계획된 말씀의 법칙들 안에서 정확하게 작동하고 있다.

하나님이 세상을 말씀으로 창조하시고, 세상 구석구석에 말씀을 심어 놓으신 이유와 목적은 단 한 가지이다. 바로 **'생명'** 때문이다. 즉, 말씀의 목적, 말씀의 기록 목적, 성경의 존재 이유와 목적은 다름 아닌 생명에 있다.

> 오직 이것을 기록함은 너희로 예수께서 하나님의 아들 그리스도이심을 믿게 하려 함이요 또 너희로 믿고 그 이름을 힘입어 생명을 얻게 하려 함이니라
>
> (요 20:31)

그렇다면, 왜 하나님은 '생명'을 창조하셨을까?

말씀의 존재 목적이 생명이라면, 생명의 존재 이유는 무엇일까? 생명의 존재 목적은 **'하나님께 영광이며 하나님과의 교제'**이다. 모든 피조물은 하나님의 영광과 하나님과의 교제라는 통일된 방향성을 갖는다.

하나님은 교제하고 싶은 사랑하는 대상과의 깊은 사귐을 위해 만물을 창조하셨다. 하나님의 영광과 교제를 위해 고안된 장치가 바로 에덴 동산이며, 후에 성막과 성전으로 변형된 하나님 나라인 바로 교회 공동체이다.

성경에 나타나는 모든 메시지는 하나의 방향으로 향하고 있다.
바로 '**회복**'이라는 거대한 방향이다. 그런 의미에서 '**메시지는 곧 테라피**'(therapy)이다. 하나님의 말씀 안에 있는 모든 메시지는 모두 회복이라는 방향을 가진 강력한 테라피의 기능이 있다.

창세기 3장에서 아담과 하와가 죄를 범해 쫓겨난, 잃어버린 에덴에 대한 회복과 하나님과 온전히 연합하고 동행했던 그 삶의 자리에 대한 회복의 방향은 요한계시록 22장에 이르러서야 완성된다. 성경은 거대한 '회복'이라는 인류의 도전과 비전을 향해 방향이 설정되어 있다.

메시지는 무엇을 회복하는가

성경이 제시하는 '회복'에는 두 개의 방향이 있다. 그것은 '하나님의 형상 회복'과 '하나님 나라의 회복'이다.

첫째, '하나님의 형상 회복'은 에덴에서 파괴된 하나님의 형상을 복원하는 것으로 각 사람의 개인적인 회복을 의미한다. 마음의 중심에 계셔야 할 하나님 대신 죄와 욕심, 이기심과 탐욕을 채워 죄와 상처의 노예가 되어 살아가는 사람들이, 모든 무거운 짐을 벗고 온전한 하나님의 형상으로 회복되어 가는 개인적인 회복이 그 첫 번째 방향이다.

둘째, '하나님 나라의 회복'은 하나님의 형상이 회복된 개개인이 모여 이루는 예수 그리스도의 생명이 있는 공동체에 대한 회복이다. 사람은 관계의 존재로 지음 받았다. 개인의 회복은 공동체의 회복과 불가분의 관계이다. 개인은 공동체를 통해서 회복되며, 또 공동체는 건강한 개인들을 통해 회복된다. 개인의 회복은 곧 공동체의 회복으로 연결되어야 하고, 공동체의 회복은 다시 개인의 회복을 위해 사용되는 순환시스템이 가동되어야 한다.

교회는 에덴 동산의 리모델링(Remodeling)이며 '하나님 나라'에 대한 구체적인 실현이다. 하나님은 사람들과 함께 거주하시기 원하신다. 원래 그러셨다. 그것이 하나님의 꿈이자 하나님의 소망이셨다. 하나님은 당신을 닮은 피조물과 함께 살고 싶어 하셨다. 함께 살고, 하나님과 함께 대화를 나누고, 밀접하고 친밀한 사랑의 교제를 나누는 너무도 행복한 동행자를 꿈꾸셨다. 그리고 그런 공동체를 구상하셔서 당신이 보기에도 너무 좋고 완벽한 놀라운 세상을 창조하셨다.

빛이 필요 없으신 그분이 빛을 만드신 이유, 공기가 필요 없으신 그분이 공기를 창조하신 이유, 땅과 육지와 바다와 생물과 미생물과 식물이 전혀 필요 없으신 그분이 이 놀랍고 엄청난 세상을 만드신 이유는 단 하나이다. 사람에게 주시려고 사람을 거기에 놓아 살게 하시기 위함이다. 그렇지 않으면 해석이 되지 않는다. 그렇지 않고는 그의 놀랍고 신비하고 엄청난 이 프로젝트의 의도가 이해되지 않는다.

그래서 교회란 예수 그리스도를 믿는 생명 공동체이며, 거룩한 성령의 전이며, 잃어버린 에덴의 회복 공동체이며, 하나님 나라의 궁극이다. 그래서 교회는 예수님의 꿈이며 이땅에서 실현 가능한 유일한 하나님 나라이다.

하나님의 생명이 꿈틀거리고 하나님의 생기와 기쁨이 넘치는 자리, 죽음을 이기는 부활의 자리, 온통 하나님의 아름다운 영으로 진동하는 자리가 바로 교회이다. 그리고 하나님은 이 교회를 통해 하나님의 형상 회복과 하나님 나라를 점점 회복해 나가시며, 궁극적으로 새 하늘과 새 땅을 통해 온전한 회복을 이땅 가운데서 이루실 것이다.

가끔 궁금해질 때가 있다

어떻게 유한하고 죄악된 인간의 몸 안에 성령님께서 거하실 수 있는 거대한 자리가 있을까? 작디 작은 유한한 인간의 몸 안에 어떻게 전능하신 하나님, 위대하신 예수 그리스도, 성령 하나님의 자리가 가능할까? 그런데 정신분석학자들이 그 자리를 발견해 주었다. 무의식이라는 엄청나고도 끝없이 깊고 넓은 거대한 자리를 말이다.

태초에 하나님은 우리 안에 하나님의 자리를 만들어 놓으셨다. 지금의 무의식, 우리의 무의식, 인류의 모든 역사와 전통 안에 담긴 우주공간보다 더 크고 심오하고 넓고 깊은 거대한 그릇 안에 하나님을 담을 수 있게 해 놓으셨다.

태초의 에덴동산에는 하나님의 말씀으로 절대적 권위가 부여된 성경 66권이 존재하지 않았다. 하나님이 지으신 완벽한 자연환경인 에덴동산에 성경을 주시지 않은 이유는 첫째, 하나님과 직접적인 만남과 커뮤니케이션이 가능해서 따로 말씀이 필요하지 않았기 때문이고, 둘째, 에덴동산에는 성경이 없었던 것이 아니라 하나님이 지으신 자연만물 그 자체가 거대한 메시지 덩어리였기 때문이다.

하나님께서는 자연 계시를 통해 모든 피조된 세계 속에, 즉 자연과 만물에 실물 언어[6](Real thing - language)와 이미지 언어(Image - language)로 그의 말씀을 새겨 놓으셨다.

메시지를 찾아서

시편 19편과 로마서 1장에 이 사실에 대한 명백한 고백과 증언이 있다.

---

6 실물 그 자체가 메시지라는 의미로 본 소고 29-30쪽에서 구체적으로 다룬다.

¹ 하늘이 하나님의 영광을 선포하고 궁창이 그의 손으로 하신 일을 나타내는도다 ² 날은 날에게 말하고 밤은 밤에게 지식을 전하니 ³ 언어도 없고 말씀도 없으며 들리는 소리도 없으나 ⁴ 그의 소리가 온 땅에 통하고 그의 말씀이 세상 끝까지 이르도다 하나님이 해를 위하여 하늘에 장막을 베푸셨도다

(시 19:1-4)

창세로부터 그의 보이지 아니하는 것들 곧 그의 영원하신 능력과 신성이 그가 만드신 만물에 분명히 보여 알려졌나니 그러므로 그들이 핑계하지 못할지니라(롬 1:20)

하나님은 천지를 창조하시면서 모든 만물 속에 살아 있는 하나님의 메시지를 새겨 놓으셨다. 그러나 인간은 인류의 타락과 그로 인한 죄와 상처가 하나님으로부터 분리와 단절을 가져왔고 메시지의 차단을 일으켰다. 메시지가 차단된 인간은 죄와 상처에 쉽게 노출되어 죽음을 직면하게 되었으며 후유 중과 부작용으로 가득한 고통의 현장을 살아가게 되었다. 그러므로 상처와 고통 가운데 있는 타락한 인간이 상처와 고통으로부터 회복될 수 있는 유일한 해법이 바로 '메시지의 회복'이다.

정신역동상담을 비롯한 수많은 심리치료 이론과 기법들 안에는 내담자를 향한 치료 메시지가 있다. 역사적으로 발견되고 연구 진행되고 있는 여러 심리치료 이론과 치료방법들의 공통점은 내담자에게 도움이 되는 '치료 메시지'를 찾고 적용하고 확장하고자 하는 것이다.

이 치료 메시지가 정신역동상담에서는 **통찰**[7](insight), 칼 로저스(Carl Rogers)의 인간중심이론에서는 **무조건적 긍정적 수용**(unconditional positive regard), 빅터 프랭클(Viktor Frankl)의 의미요법(Logotherapy)에서는 **의미**(Logos), 케슈탈트(Gestalt) 치료요법에서는 케슈탈트에 대한 **자각**(awareness), 인지치료상담(Cognitive Therapy and Counseling)에서는 핵심신념을 논박할 수 있는 **기능적인 신념**(Beliefs), 해결중심 단기가족치료(Brief Therapy)에서는 **내담자의 지각에 대한 확인**(Affirming Client Perceptions)과 '**해결중심 대화'의 확대**(Amplifying 'Solution Talk') 그리고 상담 후 상담자가 내담자에게 제시하는 **치료 메시지** 등으로 나타난다.

각 심리치료에서 내담자를 위한 '치료 메시지'는 사람의 생명을 위한 결정적인 자료이다. 이 메시지는 사람을 살리고, 회복을 도우며, 건강한 성장과 발달로 안내한다는 의미에서 당연히 하나님의 메시지(the Message)의 범주에 포함할 수 있으며, 인류를 향한 소중한 자원이 될 수 있다.

---

7 정신역동치료에서 '통찰'이란 이전에는 전의식이나 무의식에 있어서 보지 못했던 개인의 정신적, 감정적 갈등의 요소들을 자각하여 알게 되는 것을 말한다.

07

메시지 테라피 워밍업

메시지 테라피 시작하기

말씀은 말씀 그 자체로도 강력하다.

그러나 우리는 말씀 안에 있는 메시지를 사용하는 방법에 좀 더 익숙해질 필요가 있다. 이미 내 안에 죄와 질병과 사망과 죽음을 이길 부활의 생명력이 있다. 내 안에 예수님이 계시다. 내 안에 말씀이 있다. 분명히 있다.

그러나 내 안에 말씀이 있는데 나는 또 죄를 짓는다. 나는 세상의 방법과 탐욕에 휘둘린다. 악한 본성이 제어가 되지 않는다. 상처와 분노, 열등감과 불안에 눌려 지낸다. 이미 내 안에 그리스도가 살아 계시고, 내 몸이 성령님의 거룩한 성전임에도 불구하고 말이다.

무엇이 문제일까? 예수님의 능력이 약하신가? 말씀의 능력이 세상의 능력을 이길 수 없는 것일까? 분명 그분은 전지전능하시다. 모든 이름 권세 위에 계시다. 모든 이름 위에 뛰어난 분이시다. 온 우주 만물의 최강자이시다. 그런데 예수 그리스도의 몸이고 성령님의 전인 믿음의 사람들이, 죄악을 범하고 세상에 눌리는 이유는 무엇일까?

이는 소유와 활용의 문제이다.

좋은 바둑판과 바둑알이 있다고 바둑을 잘 두는 것은 아니다. 좋은 골프채가 있다고 골프 실력이 좋은 것은 아니다. 피아노를 소유했다고 모두 멋진 연주를 할 수 있는 것이 아니다. 말씀을 받은 것과 말씀을 사용하는 일은 별개의 문제이다. 예수님을 믿고 구원받고 천국 백성이 된 것, 그 보혈의 능력과 복음의 능력이 내 안에서 역사하는 일은 별개의 문제이다.

이미 그리스도의 능력이 내 안에 있음에도 그 능력이 나타나지 않는 이유는 사용해 보지 않았기 때문이다. 말씀을 듣고, 받았지만 실전에서 잘 활용해 보지 못했다. 말씀은 있으나 말씀을 사용하지 못한다. 복음은 있으나 복음의 능력을 사용하는 훈련이 미숙하다. 이것은 좋은 자동차를 구입해 놓고 한 번도 자동차를 운전해 집밖으로 나가보지 않은 것과 같다.

우리는 말씀을 사용하는 방법, 하나님의 살아 있는 메시지를 메시지답게 사용하는 법을 익혀야 한다. 삶의 현장에 하나님의 메시지가 얼마나 역동적으로 역사하는지에 대한 활용을 현장에서 배워야 한다. 메시지가 골리앗을 무너뜨리고, 여리고 성을 파괴하고, 물이 포도주가 되게 하는 방법을 말이다.

효율적인 메시지 테라피를 위해서는 몇 가지 워밍업 과정이 필요하다. 여기에는 말씀을 통해 치유를 안내하는 영적 리더(leader)와 변화를 시도하고자 하는 제자인 팔로워(follower)의 아름다운 연합이 필요하다. 물론, 스스로 리더와 팔로워가 되어 자기 대화(self-talk)를 통해 이 과정을 진행하는 것도 한 가지 방법이다.

첫 번째 워밍업 _ 변화를 믿을 때, 변화가 일어난다

'변화'란 사람을 행동하게 하는 가장 큰 동기부여이다.

사람은 항상 두 가지 상반되는 변화에 대한 태도를 갖는다. 하나는 변화하고 싶은 태도이고, 다른 하나는 변화를 거부하는 태도이다. 사람은 변화를 간절히 원하면서, 동시에 변화에 강력히 저항한다.

변화를 추구하는 사람이 가장 먼저 지녀야 하는 마음의 태도는 '변화에 대한 믿음'이다. 좋은 리더는 제자들의 변화를 믿는다. 그리고 제자들이 변화할 수 있도록 자신을 믿게 해 준다. 리더는 변화를 믿고 그래서 변화를 포기하지 않고 추구해야 하는 사람이다. 물론, 여기서 말하는 변화는 단순한 변화인 체인지(change)가 아니고 근본적인 변화인 트랜스포메이션(transformation)이다. 사실 변화란 쉽지 않으며 변화를 일으키는 역동을 일으키기 또한 쉽지 않다.

리더가 변화에 대한 확신이 없으면 제자는 절대 변화하거나 성장할 수 없다. 리더는 제자의 변화 과정 속에 하나님이 개입하셔서 주도하시고 인도하시는 하나님의 도움에 대해 확신을 가져야 한다. 제자 역시 확신 있는 리더를 원한다. 제자들은 자신이 성장하고 좋아질 수 있다고 믿어주는 리더를 더 신뢰한다. 도움에 확신이 없는 리더, 나의 변화와 성장에 대해 애매한 말을 하는 리더를 신뢰할 제자는 없다. 이것은 가장 중요한 시작이면서, 가장 우선적인 출발점이다.

변화를 믿을 때, 변화는 시작된다. 말씀을 믿을 때, 말씀이 메시지가 되는 것처럼 말이다.

두 번째 워밍업 _ 해결사 콤플렉스를 해결하라

모든 영적 리더가 부딪혀야 하는 치명적인 미혹이 하나 있는데, 다름 아닌 '해결사 콤플렉스'이다. 리더는 제자들로부터 다음과 같은 결과와 반응을 얻고 싶고, 듣고 싶어 한다.

내가 당신을 만나 내 근본적인 문제가 해결되었습니다.
내가 당신을 통해 큰 도움을 받았습니다.
진심으로 감사드립니다. 당신은 역시 대단한 리더이십니다!

문제 해결이 리더에게 주는 만족감이란 다른 어떤 것과도 비교할 수 없는 최고의 보람이자 보상이다. 리더는 제자들의 건강하고 기능적인 변화를 발견할 때 가장 큰 보람을 느끼며, 자신의 일에 가치와 의미를 발견하게 된다.

리더는 제자를 만날 때마다 제자들의 문제의 현장에 뛰어들어 해결하고 싶은 충동과 욕구에 부딪히게 된다. 제자들은 끊임없이 의식적이든 무의식적이든 리더를 향해 문제해결에 대한 결정과 해법을 요구한다. 그때 리더는 제자들에게 성급한 결정을 내려주고 싶은 미혹을 받는다.

이렇게 결정하십시오. 이 방향으로 진행하십시오.
여기에 해답이 있습니다. 이렇게 하시면 됩니다!

공감이란 상대방 삶을 함께 느끼고 함께 아파해 주는 것이지만, 제자의 삶 전체에 대한 결정권을 짊어지는 것이 아니다. 리더는 적절한 수준에서 공감하고, 문제해결에 대한 결정과 책임은 제자들의 것으로 다시 돌려보내야 한다.

상황은 이렇습니다.
이런 결정을 하면 이런 결과가 올 수 있고,
다른 결정을 하면 저런 결과가 올 수 있습니다.
당신이 선택하고, 당신이 책임져야 합니다!

손쉽고 빠른 해결방법을 제시하는 해결사 콤플렉스를 버리고, 제자를 삶의 현장에 다시 세워야 한다.

세 번째 워밍업 _ 지적 공감이 아니라 정서적 공감이다

공감에는 크게 지적 공감과 정서적 공감이 있다.

지적 공감이란 머리와 생각으로 내담자의 상황과 현실을 이해하고 받아들이는 공감 방법이다. 현대인은 생각하고 판단하고 결정하고 추진하며, 논리와 이성을 주로 사용하는 교육 접근법에 익숙하다. 지적 접근방식을 사용하도록 양육된 많은 현대인들은 타인을 깊이 공감한다고 느끼면서도, 표면적인 지적 공감에 머무를 때가 많다. 고통을 경험하지 못한 사람들이 머리로만 공감하려는 오류에 빠지는 것이 바로 지적 공감이다.

만남의 과정에서 상대방의 이야기를 들으며 리더는 과거의 사건을 종합하고 추리하고 해석하고 분석하는 데 몰두하느라 제자의 감정을 쉽게 놓치곤 한다. 지적 공감은 상대를 피상적 이해의 수준에 머물게 해 마음에 와 닿지 않을 경우가 많고, 오히려 두꺼운 장벽을 일으켜 거리감을 주는 부작용을 일으킨다.

리더들이 훈련하고 추구해야 할 공감의 방향은 정서적 공감이다.

정서적 공감은 상대의 정서와 마음에 접근하는 따뜻하고 포근하며 깊이 있는 공감 방법이다. 아픈 만큼 공감할 수 있고, 느낀 만큼 공감이 가능하다. 여러 말보다 마음이 담긴 눈물, 마음이 담긴 따뜻한 손길이 마음을 만져 준다. 리더가 경험한 고통의 깊이 만큼, 제자들의 고통의 깊이에 접근할 수 있다. 고통의 깊이가 깊을수록 더 깊이, 더 많이 아파하며 공감해 줄 수 있다. 리더는 고통받는 사람의 이야기 속에 나타난 사실들을 냉철하게 분석하는 것과 그들의 감정과 정서를 읽고 어루만져 주는 정서적 접근을 훈련해야 한다.

영적 리더가 훈련해야 할 또 하나의 영역은 영적 공감 영역이다.
영적 공감은 하나님의 마음으로 느끼는 공감이다. 리더는 도움이 필요한 사람들을 만날 때 모든 상황을 하나님의 시각에서 바라보고, 그 사람을 향하신 하나님의 마음을 품어야 한다. 하나님은 자신의 백성들의 고통과 울부짖음을 들으시는 분이시다.

하나님은 자녀들의 신음에 아파하시고 안타까워하시며 체휼하시는 하나님이시다. 그렇기 때문에 하나님의 구속사적 인도하심 아래에서 바라보는 영적 공감적 접근 역시 영적 리더가 갖추어야 할 필연적 요소이다.

영적 공감을 위해 영적 리더는 하나님과의 개인적인 친밀한 교제가 있어야 한다. 각 상황 속에서 말씀하시는 성령 하나님의 인도하심과 메시지를 듣고 지혜로운 판단과 공감을 일으키는 인도하심을 받아야 한다. 하나님의 눈으로 볼 때, 상대의 고통이 더 깊게 보이고, 상태의 전체 상황이 한 눈에 들어오게 된다.

네 번째 워밍업 _ 지금 그리고 여기(Here & Now), 앞으로(Future)

리더의 시간 개념은 중요하다. 리더의 시간 개념은 제자들을 소망으로 인도하기도 하고, 절망으로 추락시키기도 한다.

하나님은 현재의 하나님이시고, 오늘의 하나님이시며, 지금 여기의 하나님이시다. 그분은 언제나 살아 계신 현재의 하나님이시다. 하나님의 시간 개념은 늘 현재인 반면 타락한 죄인의 시간 개념은 늘 현재를 도피하는 회피적 시간관이다.

좌절과 절망에 빠진 사람들은 자꾸 자신의 삶을 과거형으로 돌리려는 경향이 있다. 고통의 사람들은 과거의 고통스러운 시간 안에 갇혀 있다. 그들은 과거에 머무르려 한다. 바꿀 수 없는 과거를 탓하고 원망하며 과거의 잘못된 결정을 후회하며 살아간다. 실수와 실패와 원치 않았던 수많은 어려운 사건들의 못된 추억을 날마다 되새기며 어둠 속에서의 방황을 멈추려 하지 않는다.

영적 리더는 그 시간관을 '오늘, 지금 여기 이 자리에서'라는 현재형으로 바꾸어 놓아야 한다. 그러기 위해서는 먼저 고통의 사람들이 호소하고 있는 그들의 과거를 깊이 탐색하고 공감하며 철저히 분석해야 한다. 그리고 나서 고통의 사람들을 과거에 머물게 하지 말고, 과거로부터 끌어내어, 그들을 오늘, 지금 여기, 이 자리로 가져와 현실을 극복하도록 도와야 한다.

하나님께서는 그의 백성들이 희망찬 미래를 현재 속에서 살아가기를 원하신다. 하나님께서는 사랑하는 백성들이 죄의 노예가 되어 죄에 질질 끌려다니며 분노와 아픔과 상처에 휘둘려 사는 것을 참지 못하신다. 그분은 당장 죄의 사슬과 권세를 끊고 하나님 나라를 그분의 백성들의 삶 속에 뿌리내리기 원하신다.

장차 예수 그리스도가 재림하셔서 이루실 새 하늘과 새 땅의 삶을 그때 가서 이루는 것이 아닌, 지금 여기에서 살 수 있도록 당신의 영광과 권세를 그의 자녀들에게 이미 허락하셨다. 그러므로 리더는 미래의 소망을 '지금, 그리고 여기'로 끌어당기는 신념과 지혜를 갖추어야 한다.

다섯 번째 워밍업 _ 아하 포인트(A-Ha Point)까지 버티기

상담의 목표는 '변화'라고 했다. 이 변화의 축은 크게 세 가지 영역인데 첫째는 생각의 변화, 둘째는 마음의 변화, 셋째는 행동의 변화이다. 리더가 추구하는 변화의 축이 무엇이든 그 치료적 접근이 생각이든 마음이든 행동이든 제자에게 일어나는 변화의 상태는 지속적이고 완만한 변화라기보다는 점프(Jump)를 하는 돌발적 변화가 많다.

변화의 임계점에서 변화가 일어나는 바로 그 시점을 아하 포인트(A-Ha Point)라고 한다. 변화의 시점에서 내담자에게 '아하(A-Ha)' 하는 깨달음과 통찰, 그리고 정서적 행동적 변화가 일어나는 예상하지 못한 바로 그 순간이다.

생각의 통찰을 얻는 아하 포인트는 '점진적'이라기보다는 '순간적'이다.

물론, 생각의 통찰을 위해 수많은 반복적 사고와 되새김, 고민과 갈등의 시기를 겪는다. 제자와 리더는 생각의 통찰을 위해 함께 생각하고 또 생각하고, 분석하고 고민한다. 그러다, 어느 순간 통찰이 일어난다. 물론, 일어난 것은 '순간적'이지만, 그동안의 사고와 노력이 점진적으로 쌓이고 또 쌓여서 일어난 결과이다. 겉보기에는 아무런 변화도 일어나지 않는 것처럼 보이지만 변화의 임계점인 아하 포인트에 이르면 물이 임계점에 도달하는 순간 펄펄 끓어오르는 것처럼 통찰과 사고의 문이 열리게 된다.

마음의 감정적 이완의 아하 포인트 역시 '점진적'이라기보다는 '순간적'이다.

만나기만 하면 분노가 끓어오르는 대상이 있다. 용서를 해야 하는 것도 알고 용서를 하고 싶은 의지도 있다. 그러나 분노의 감정이 풀리지 않는다. 만나면 또 올라오고 폭발한다. 마음먹은 대로 되지 않는다. 생각은 열렸으나 감정이 풀리지 않았기 때문이다. 감정이 풀리지 않은 상태에서 만나면 분노와 아픔은 가중된다. 감정은 생각처럼 쉽게 풀어지거나 사라지지 않는다.

어느 날, 이상하게도 분노의 감정이 올라오지 않는 순간이 생긴다. 이 순간이 감정의 아하 포인트에 도달한 순간이다. 신기하다. 화가 나지 않는다. 더 이상 싫거나 밉지가 않다. 물론, 이런 상태에 도달하기까지 감정을 풀기 위해 지속적인 노력과 훈련, 그리고 반복적인 시도가 필요하다. 내 감정도 어느 기간을 통해, 아하 포인트에 이르면 어느 순간 감정적 이완 현상에 도달할 수 있는 신념을 가져야 한다.

행동의 아하 포인트 역시 '순적적'이다.

세 발 자전거를 타던 어린아이가 두 발 자전거를 연습하는 경우를 생각해보자. 대부분 두 발 자전거를 타면 자주 넘어지게 된다. 수십 번에서 수백 번의 넘어지고 좌절하는 실패의 경험을 하게 된다. 변화가 일어나지 않는 것 같다. 그러나 어느 순간, 행동의 임계점인 아하 포인트에 이르면, 뒤뚱거리긴 하지만 넘어지지 않는 순간에 이르게 된다. 그리고 곧 익숙해져 자연스럽게 두 발 자전거를 타게 된다.

학자들에 따라 다르지만, 보통 생후 1년 된 아이들이 걸음마를 시도할 때 1500~2000번 정도의 넘어짐 끝에 정상적으로 걷게 된다고 한다. 성인이 된 우리 모두가 두 발을 땅에 딛고 잘 걸을 수 있는 이유는 1500~2000번 이상의 실패와 인내의 기간을 극복하는 행동의 아하 포인트를 통과했기 때문이다.

이상에서 살펴보았듯이 생각의 변화, 마음의 변화, 행동의 변화에는 아하 포인트가 존재한다. 그러나 아하 포인트에 도달하기까지 반드시 해야 하는 과제가 있다. 포기하지 말고 끝까지 도전하는 계속적인 시도이다. 어떨 때는 변화가 없는 듯하고, 또 어떤 때는 역효과가 나기도 한다. 그러나 계속 도전해야 한다. 그리고 또 도전해야 한다. 넘어져도 또 일어나고, 넘어져도 다시 또 일어나야 한다. 계속 달려야 하고 잠시 쉬었다가 또 달려야 한다. 계속 부딪히겠지만 넘어서야 한다. 아하 포인트에 이를 때까지 말이다.

또, 한 가지 기억해야 할 것이 있다.

그 누구도 언제 아하 포인트에 도달하는지를 알지 못한다는 것이다. 누구도 변화의 시기와 변화의 순간을 예측할 수 없다. 언제 변화가 일어나는가? 언제 좋아지는가? 언제 회복되는가? 언제 치유가 일어나는가? 아무도 모른다. 부모도, 의사도, 교사도, 목회자도, 리더도 모른다. 물론, 고통 속에 힘들어하는 본인 자신도 모른다.

그 주권은 하나님의 손 안에 있다. 알파와 오메가이신 하나님은 중단 없는 노력과 성실함, 그리고 포기하지 않는 신념과 피눈물나는 노력의 결과로 이 아하 포인트를 선물해 주신다. 그 누구도 아하 포인트를 주도하거나 유도할 수 없다. 인생은 공식대로 되지 않는다. 이미 짜여진 계산된 프로그램의 틀 안에서 돌아가지 않는다. 예상치 못한 변수들이 부정적이든 긍정적이든 작용한다. 그것을 주관하는 것은 결코 리더도 제자도 아니다. 결국 변화를 이끄시는 분은 하나님이시다.

여섯 번째 워밍업 _ '거짓 희망'이 지나가야 '참 희망'이 열린다

리더가 제자를 이끌 때 기억해야 하는 또 하나의 중요한 가치는 '희망'이다.

희망은 두 가지가 있다. 거짓 희망과 참 희망이다. 거짓 희망은 미래에 대한 희망을 주긴 하지만 헛된 꿈을 주는 실체가 없는 희망이다. 거짓 희망인지 참 희망인지를 선명하게 구분짓는 것은 현실에 대한 태도이다. 거짓 희망은 현실에 대해 도피적인 태도를 취하게 하고, 참 희망은 현실에 충실하게 한다.

영화 〈타짜〉에서는 사람들이 왜 도박에 중독되는가에 대해 설명한다. 도박 중독은 거짓 희망 때문에 생긴다. 부자가 되는 자신의 커다란 꿈을 꾸며, 삶의 현장에서 땀을 흘리는 것을 포기하고 불로소득을 얻고자 모든 재산을 도박에 탕진하게 한다.

불로소득을 위해 밤을 새고, 신경을 곤두세워 자신이 투자한 자금의 몇 배 혹은 몇십배의 소득을 꿈꾸며 마음을 졸이게 한다. 그러나 그런 간절한 기대와 노력에도 불구하고 그의 희망을 철저히 부서진다. 존재하지 않는 가짜 희망이요 허구이기 때문이다.

그런데 이 거짓 희망의 능력이 얼마나 강력한지 한 번의 실패로 좌절하지 않게 한다. 실패해도 또 일어나고, 실패해도 또 일어나는 강력한 의지를 생기게 한다. 거짓 희망일 뿐인데도 그렇다.

'희망'이란 매우 중요한 가치이다.

사실, '희망'이란 말은 누구나 할 수 있다. 그러나 희망을 말한다고 희망이 생기는 것이 아니며, 희망이 중요하다고 강조해서 희망이 생기는 것도 아니다. 그렇다면 희망은 언제 생기는가? 희망은 언제 시작되는가? 성경은 희망에 대해 이렇게 말한다.

우리가 이 보배를 질그릇에 가졌으니 이는 심히 큰 능력은 하나님께 있고 우리에게 있지 아니함을 알게 하려 함이라(고후 4:7)

성경은 타락한 인간이라는 질그릇 안에 '예수 그리스도'라는 보물이 담길 때, 예수 그리스도가 희망이심을 믿을 때, '희망'이 생긴다고 말한다. 지금 당신 안에 그리스도 예수라는 보물이 있는가? 그렇다면 당신은 희망이 있다. 예수 그리스도라는 보물은 희망 그 자체이시기 때문이다.

예수 그리스도는 인간의 영혼에 생명을 불어넣는 생명의 떡과 같다. 육의 몸이 한 끼를 굶어도 배가 고픈 것 같이, 매일 매순간 예수 그리스라는 생명의 떡이 필요하다. 성경은 이 그리스도가 얼마나 위대한 희망의 능력을 부여하는가에 대해 이어서 말하고 있다.

⁷ 우리가 이 보배를 질그릇에 가졌으니 이는 심히 큰 능력은 하나님께 있고 우리에게 있지 아니함을 알게 하려 함이라 ⁸ 우리가 사방으로 우겨쌈을 당하여도 싸이지 아니하며 답답한 일을 당하여도 낙심하지 아니하며 ⁹ 박해를 받아도 버린 바 되지 아니하며 거꾸러뜨림을 당하여도 망하지 아니하고(고후 4:7-9)

사람들은 매일 세 가지 마음의 적과 싸워야 한다.
첫째는 과거의 상처와 후회요, 둘째는 미래에 대한 염려와 근심이며, 셋째는 이 두 가지를 통해 찾아오는 '절망'이다. 앞의 두 가지 가치가 원인이라면, 세 번째 절망은 결과에 대한 의지적 선택이다.

몇 년 전 인터넷에 안타까운 기사 하나가 한국인들의 마음을 몹시 아프게 했다. 한 유명 프로 야구 선수의 자살 소식이었다. 그의 아내는 유명한 한국의 여배우이며 이미 몇 년 전 두 아이를 남겨 놓고 자살을 했다. 그리고 배우이자 연예인인 그의 동생 역시 자살을 했다. 뒤를 이어 그녀의 남편인 그도 자살했다는 소식이었다. 참으로 가슴 아픈 소식이 아닐 수 없다.

자살을 선택할 수밖에 없었던 그들의 삶도 비극이지만, 부모를 포함한 자살자를 가족으로 둔, 남겨진 두 아이의 삶이 더욱 안타까웠기 때문이다. 하늘아래 어찌 이런 일이 있을 수 있단 말인가? 자살이란 자신의 생에 대한 절망이 엄습할 때 실행하는 자발적 선택의 결과이다. 더 이상의 대안이 없고, 더 이상의 방법이 보이지 않고, 더 이상의 희망이 보이지 않을 때 취하는 최종 선택이다.

그러나 사실 절망의 징체는 가짜이다. 거짓 신념이다. 절망이란 존재하지 않은 허구이며 허구에 대한 두려움이 주는 망상과 착각이다. 절망은 생각으로부터 온다. 절망은 부정적 생각을 사실처럼 느낄 때 찾아온다.

그러한 절망은 사실이 아니라 생각이며 해석일 뿐이다. 그 상황 자체가 아니라, 그 상황을 생각하는 그의 평가가 절망하게 만드는 것이다. 졌다는 생각, 안 된다는 생각, 끝이라는 생각, 할 수 없다는 생각이 그를 절망하게 하고 결국 자살이라는 무서운 선택을 하게 만든다. 그것은 단지 생각일 뿐이다. 자신의 판단일 뿐이다.

절망이란 '간교한 속임'이며 '확신 있는 거짓 느낌'이다. 한 걸음 더 나아가 절망은 잘못된 믿음이며 왜곡된 거짓 신념이자 어이없는 부정적 선택이다. 그러나 이상하게 사람들은 절망을 쉽게 선택하고 너무 빨리 무너져 버린다. 왜냐하면, 절망이 고통을 벗어날 수 있는 가장 쉽고 빠른 해결책이라 생각하기 때문이다.

물론, 때론 아무리 애를 써도 희망이 보이지 않을 때가 있다. 노력하고 애쓰고 두드려도 희망을 찾을 수 없을 때가 있다. 완전한 바닥, 완전한 끝, 완벽한 죽음, 더 이상의 어떤 희망도 찾을 수 없는 순간이 오기도 한다.

이스라엘이라는 나라는 주전 586년 바벨론 군대에 예루살렘이 함락됨으로 역사에서 완전히 퇴장했다. 누가 봐도, 완전한 패배, 완벽한 파멸 그리고 역사 속의 종말이었다. 그런데 그게 끝이 아니었다. 하나님은 이스라엘의 멸망 뒤에도 무엇인가를 시작하셨다. 그리고 정확히 이스라엘 멸망 2534년 후인 1948년 이스라엘은 역사 앞에 다시 등장했다.

출애굽 역시 불가능 덩어리였다. 애굽왕 바로는 모세에게 애굽의 가장 강력한 노동력인 수많은 히브리 노예를 전혀 내어줄 마음이 없었다. 히브리 노예의 수가 바닷가의 모래처럼 많았지만, 고대 근동을 제패한 철강 군대의 강력한 무력을 능가할 조직력과 전투력은 그 어디에도 보이지 않았다. 그러나 하나님은 희망의 사람 모세를 통해 히브리 노예들의 절망을 철저히 부숴버리셨다. 400년 간의 압제와 서러움은 하나님의 인도하심과 모세의 순종에 의해 기적처럼 풀어졌고 해방과 홍해의 기적을 이루었다.

절망은 희망의 최고 파트너이다

10 우리가 항상 예수의 죽음을 몸에 짊어짐은 예수의 생명이 또한 우리 몸에 나타나게 하려 함이라 **11** 우리 살아 있는 자가 항상 예수를 위하여 죽음에 넘겨짐은 예수의 생명이 또한 우리 죽을 육체에 나타나게 하려 함이라 **12** 그런즉 사망은 우리 안에서 역사하고 생명은 너희 안에서 역사하느니라(고후 4:10-12)

절망은 희망의 가장 큰 적이면서 동시에 가장 탁월한 파트너이기도 하다. 절망은 희망의 가장 반대되는 개념이며, 희망을 위해 가장 맞서 싸워야 할 원수이다. 그런데 이상하게도 절망은 희망을 갖기 위해 가장 필요한 소중한 친구이기도 하다. 깊은 절망을 경험하면 할수록 희망의 존귀함, 희망이라는 위대한 가치를 깨닫게 되기 때문이다.

'희망'이 얼마나 소중한가를 깨달을 때가 인생의 가장 밑바닥에 이르는 절망을 경험하는 바로 그 순간이다. 건강을 잃었을 때 비로소 건강의 소중함을 깨닫고, 가족을 잃을 때 가족의 소중함을 깨달으며, 시간에 쫓길 때 시간의 고마움을 깨닫고, 하나님을 잃을 때 하나님의 소중함을 비로소 깨닫게 되는 것처럼 말이다. 그래서 성경은 희망을 잃어버리지 않기 위해서는 날마다 예수 그리스도의 죽음을 우리 몸에 짊어지고 살아야 한다고 말한다.

> 우리가 항상 예수의 죽음을 몸에 짊어짐은 예수의 생명이 또한 우리 몸에 나타나게 하려 함이라

이 얼마나 위대한 역설인가?

희망을 찾을 수 있는 곳, 희망의 가치를 비로소 느끼게 되는 곳, 희망이라는 힘이 얼마나 위대한지를 깨닫게 되는 자리가 바로 '죽음이라는 대 절망' 앞에서인 것이다. 그러므로 지독한 절망이 참된 감사를 이끈다. 지독한 패배가 참된 승리의 가치를 이끈다. 지독한 배신이 참된 신뢰를 이끈다. 죽음을 경험해 보지 못한 사람은 희망의 고귀함을 깨달을 수 없다. 그래서 주님은 우리를 희망의 사람으로 만들기 전에 절망의 사람이 되게 하신다. 그래서 광야로 내보내신다.

절망이 얼마나 고통스럽고 잔혹한 것인지 뼈에 사무치도록 철저히 배우게 하고, 그 고통이 손끝 마디마디의 울림이 되어 절대 희망을 놓치지 못하게 하신다.

희망은 믿음이 있을 때 자라난다

> 기록된 바 내가 믿었으므로 말하였다 한 것 같이 우리가 같은 믿음의 마음을 가졌으니 우리도 믿었으므로 또한 말하노라(고후 4:13)

희망에 관한 말씀에는 믿음이라는 단어가 자주 등장한다.
희망은 미래에 관한 단어이다. 아직 이루어지지 않은 미래적인 일에 대한 바람과 기대가 희망이다. 그러나 미래를 누가 알 수 있는가? 미래를 누가 기대할 수 있는가? 미래가 좋을 것이라는 보장은 그 어디에도 없다. 미래가 좋을 것이라는 희망은 그것을 믿을 때에만 가능하다. 안 된다고 믿으면 안 된다. 그러나 된다고 믿으면 된다. 어찌 될지는 아무도 모른다.

희망이란 이루어진다는 것에 믿음을 두는 것이다. 그리고 그 일이 잘될 줄 믿고 그 힘을 의지해서 걸어가게 하는 강력한 엔진이 희망인 것이다.

희망을 믿어라!
우리의 경험과 지식을 신뢰해서가 아니라, 미래의 주인이신 그분이 내 인생을 주관하시기에 희망이 있다. 보물을 질그릇에 담는 확신이 있고 내 미래가 좋아질 것이라는 믿음의 싹이 생기기 시작한다면 우리 안에 작은 희망이 깨어나기 시작할 것이다.

희망이란 좋은 미래이다. 희망은 보이지 않는 영원을 보고, 믿고, 바라고 그리고 나아가는 것이다. 인간은 현실의 존재이면서 동시에 미래의 존재이다. 순간의 존재이기도 하지만 영원의 존재이기도 하다. 영원히 살아야 한다면 급하지 않아도 된다. 영원을 믿는다면, 그리 빨리 가지 않아도 된다.

영원에 대한 확신만 있다면, 이땅에서 굳이 다 이룰 필요가 없다. 그래서 희망이 있는 사람은 스케일이 크다. 시야가 넓고 시간이 여유롭다. 영원을 그 가슴 안에 품었기 때문이다.

더 큰 것을 보고, 좋은 미래를 보고, 아름다운 미래를 꿈꾸라!
더 나은 미래의 변화에 도전하라!
그리고 절망이 주는 거짓을 논박하여 절망을 절망시키라!
좌절을 좌절시키고, 죽음을 완전히 죽게 하라!
상황이 어려워도 얼마든지 좋아질 수 있다.
아직 기회가 남아 있다.
당신에게 남아 있는 희망을 보라!
당신이 힘들어도 당신 안의 희망은 여전히 남아 있다.
처음처럼 새로워질 수 있으며,
처음보다 더 나아질 수도 있고,
처음과 비교할 수 없을 만큼 더 좋아질 수도 있다.
성장, 성숙, 부흥과 번영은 동화나 뉴스의 이야기가 아니다.
분명 당신의 것이며, 당신의 미래이다.

08

메시지가 채워질 때

설교가 '진짜' 메시지가 되면

2008년 8월 목동 제자교회에서 〈위대한 설교자 컨퍼런스〉가 있었다. "말씀을 말씀 되게 하라"는 슬로건으로 진행된 이 컨퍼런스에 약 1600여 명의 목회자들이 참석했다.

   컨퍼런스 주 강사들은 한국을 대표하는 설교자들인 하용조, 곽선희, 정필도, 이재철 목사님 등이었다. 주제가 설교인 만큼 대부분의 참석자들과 강사들이 모두 목회자였는데, 평신도 여자 집사님 한 분이 특강 강사로 세워졌다. 웰컴 기획사 대표인 문애란 집사님이셨다. 그런데 이 여 집사님의 강의 제목이 매우 마음에 들었다.

   우리는 이런 설교를 갈망한다!

광고기획사 대표답게 강사는 본인의 논지를 명쾌하게 40분 동안 거침없이 풀어나갔다. 토씨하나 버릴 것이 없이 강의 내내 고개를 끄덕이게 하는 탁월한 전개였다. 놀라운 것은 청중의 반응이었다. 강의가 끝난 후 그 자리에 앉아 있던 1600여 명의 목회자들의 반응은 '숙연'함이었다. 구구절절 목회자의 가슴에 박힐 정확한 내용을 강의했기 때문이다. 1600여 명의 목회자 앞에 진실의 마음을 토해 낸 한 여 집사님의 호소력 있는 강의 내용을 요약하면 다음과 같다.

> 목사님들, 저희 평신도들은 매 주일 강단에서 목회자들이 하나님으로부터 받으신 하나님의 진짜 말씀을 듣고 싶습니다. 그러니, 웃긴 얘기, 감동적인 이야기, 교훈이 되는 도덕적인 이야기, 다른 책에서 베껴 온 좋은 글은 그만 이야기하시고, 목사님들이 직접 하나님으로부터 받은 진짜 하나님 말씀만 전해주세요! 제발 부탁드려요!

어떤 목회자가 평신도의 호소력 있고 진심 어린 이 부탁을 외면할 수 있을까? 매 주일의 예배를 통해, 강단에서 흘러나오는 설교를 통해 진짜 하나님을 만나기 원하는 성도들의 진심을 감히 누가 부정할 수 있겠는가?

그렇다면 반대로, '목회자들은 어떤 성도들을 좋아할까? 목회자가 성도들에게 가지는 기대는 과연 무엇일까?' 이 물음에 대한 대답 역시 문애란 집사님의 강의 내용과 맥락을 같이한다.

성도들이 강단에서 하나님의 진짜 말씀을 전하는 목회자를 제일 좋아하듯이, 목회자 역시 목회자가 전하는 말씀을 하나님이 주신 말씀으로 그대로 받아들이는 성도를 좋아한다. 성도들이 목사인 나를 격려해 줄 때 가장 큰 격려와 위로가 되는 말은 다음과 같은 인사였다.

목사님! 목사님을 통해 오늘 하나님이 제게 말씀해 주셨습니다.
오늘 받은 그 말씀을 저는 하나님께서 제게 주신 말씀으로 받았습니다.
그리고 그 말씀으로 인해 지금 제 삶을 도전하고 바꾸어 보도록 하겠습니다.

목회자든 성도이든 역시 해답은 하나님의 진짜 '말씀', 즉 메시지에 있었다.

온누리교회에서 인천에 교회를 개척하라고 할 때, 개척팀으로 인천에 사는 약 50명의 성도들을 보내주었다. 50명의 성도들이 건물 지하 시멘트 바닥에서 기도 모임을 하는 것으로 인천 온누리교회가 시작되었다. 교회가 점점 부흥하여 약 100여 명 정도 출석할 때쯤, 교회에 처음 온 한 30대 중반의 자매님께서 맨 앞에 앉아 예배를 드리는 모습이 눈에 들어왔다.
그런데 이 자매님은 예배 시작부터 계속 손수건을 꺼내 눈물을 훔치셨다. 중간에 멈출 만도 한데 예배하는 내내 거의 통곡에 가까운 눈물을 흘리고 계셨다. 그런데 한 주만 그런 것이 아니라 3-4주를 연속적으로 맨 앞자리에 앉아 예배 시간 내내 눈물을 닦고 있었다.

도대체 어떤 사연일까? 무슨 일로 처음 나온 교회 예배에 그것도 맨 앞에 앉아 저토록 눈물을 흘리실까? 어디서 오신 누구신가?

내심 궁금해하고 있었는데, 몇 주가 지난 어느 주일 예배 후 나를 찾아왔다. 사연인즉 본인은 초신자로 알 수 없는 힘에 이끌려 교회를 찾았는데 오는 첫날 예배 시간에 바로 예수님을 만났다는 것이다. 예수님의 은혜가 너무 크고 고맙고 놀라워 감사하다는 인사를 하기 위해 들렸다는 것이다. 마음이 뿌듯해지는 고마운 고백이었다. 그런데 그 고백 이후 한 가지 기도제목을 꺼내 놓았다.

자신의 남편이 목동에 제법 큰 규모의 학원 원장인데 굉장히 박식하고 명석한 사람이란다. 기독교에 대해 반감이 많은 사람이라 교회 가자고 아무리 얘기를 해도 듣지 않고 예수님과 은혜에 대해 아무리 설명해도 남편의 반격에 번번이 패하고 만다는 것이었다. 그러고는 다음과 같은 부탁을 청해왔다.

그런데요 목사님. 제가 다음 주에는 무슨 일이 있어도 남편을 이 교회로 데리고 올테니 제발 남편이 저와 같이 이 교회에 발을 들여놓은 순간 예수님을 만나는 은혜가 있을 수 있도록 기도를 부탁드려요!

매우 부담스러운 부탁이었다.

초신자가 개척교회에 출석해 은혜를 받은 일은 감사하지만, 아직 허름하고 잘 갖추어지지 못한 이 교회에 비판적인 남편이 오면 오히려 그의 아내 마저 교회에 못 오게 할까봐 걱정스런 마음이 앞섰다. 그래서 '아내의 믿음을 위해 남편이 고집을 피워 아예 교회에 오지 않았으면 좋겠다.'라는 생각을 했다.

일주일 후, 나의 기대와는 달리 그녀의 남편은 아내와 함께 예배실로 들어왔다. 가슴이 콩닥콩닥 뛰었다. 예상은 했지만, 머리 속이 복잡해지기 시작했다. 설교에 대한 염려가 다가왔다. 오늘 설교 본문 내용이 과연 괜찮을까? 일주일 내내 그녀의 남편을 예상하고 준비한 설교이지만, 그래도 이 설교가 남편의 마음을 움직이게 해 줄 수 있는 설교인지 자신이 서지 않았다.

부부는 맨 앞자리에 와서 앉았다.

두 사람의 얼굴이 가장 가깝고 잘 보였다. 남편의 얼굴을 살피니 예상대로 얼굴 표정이 별로 좋지 않았다. 역시 강제로 끌려오다시피 온 것이 분명해 보였다. 남편의 얼굴 표정을 보니 더욱 마음이 굳어졌다. 예배가 시작되고 말씀이 선포되었다. 예배드리는 내내 조마조마하고 두근거리는 마음 때문에 온몸이 오그라들 지경이었다. 그렇게 긴장 속에서 예배를 드린 적은 처음인 것 같다.

예배가 끝났다. 부부가 함께 내 방을 찾아왔다. 그리고 믿을 수 없는 고백이 내 귀에 들렸다. 오늘 드린 바로 그 예배, 오늘 들은 바로 그 말씀을 통해 남편이 예수님을 영접하기로 했다는 것이다. 할렐루야! 나는 너무 놀라 연거푸 물어보았다. 정말 오늘 예배 때 예수님을 만났느냐고. 본인은 정말 그렇다고 하며 앞으로 교회에 출석하겠고, 다음 주부터 등록과정을 밟겠다고 다짐했다.

3주 후 그 자매님은 불교계에 헌신하신 자신의 어머니를 아버지와 함께 모시고 왔다. 그리고 놀랍게도 두 부모님 역시 자신들이 처음 방문한 교회의 첫 예배에서 예수님을 만나셨다. 이 가족들은 10년이 지난 지금까지 너무도 신앙생활을 잘하고 계신다. 한 달 후 교회 저녁 예배에서 성령집회를 했다. 그리고 바로 그날, 그 남편은 강력한 성령님을 체험하고 20년이 넘도록 끊지 못했던 술과 담배를 금단현상 하나 없이 바로 끊었다.

나는 평생 이 가족들을 잊을 수 없을 것 같다.

이분들은 목회자가 전하는 말씀을 정말 하나님의 살아 있는 메시지로 받고, 받은 말씀을 그대로 적용하는 말씀의 사람들이다. 지금도 나는 이분들을 생각할 때 '말씀'을 떠올린다. 그분들 역시 나를 기억할 때, '말씀'으로 기억할 것이다. 자신의 인생에 가장 힘들고 어려운 시기에 하나님의 위로와 사랑의 메시지를 전달해 준 사람으로 말이다.

목회자인 나는 이럴 때가 가장 행복하다. 내 입술로 전달한 그 말씀이 정말 하나님의 말씀이 되었다니 감히 인간인 나의 입술을 통해 살아 계시며 전능하신 그분의 메시지가 선포되었다는 것만큼 보람되고 가슴 벅찬 일은 없을 것이다.

메시지는 양식(The Food), 사람은 먹는 존재

메시지란 생명의 양식이다. 사람은 먹어야 산다. 사람은 두 가지 양식을 먹어야 잘 살도록 지음 받았다. 육의 양식과 영의 양식이다. 이 두 가지 양식 모두 저절로 얻어지지 않는다. 구하고 찾고 두드리고 일구어 땀을 흘려야 얻을 수 있다. 그렇게 힘겹게 얻은 육의 양식과 영의 양식은 그냥 먹지 말고 잘 요리해서 먹어야 한다. 맛있게 감사함으로, 좋은 사람들과 좋은 분위기 속에서 꼭꼭 씹어 충분히 잘 소화시키도록 먹어야 한다. 규칙적으로 골고루 꾸준히, 그리고 죽는 그날까지 먹어야 한다.

왜 하나님은 사람을 먹는 존재로 지으셨을까?

첫 번째, 사람은 음식을 통해 외부에서 양식을 공급받아야 사는 지극히 의존적인 존재로 지으셨음을 알려주시기 위함인 것 같다. 그 사람이 아무리 훌륭하고 위대하고 똑똑하고 유능하다 할지라도 반드시 음식을 외부로부터 공급받아 먹어야 산다. 사람은 자신의 외부로부터 도움을 받아야 하는 지극히 의존적인 존재이다. 양식을 찾아야 하고, 양식을 얻어야 하고, 양식을 반드시 먹어야 산다.

배가 고프면 사람이 초라해진다. 허기가 지면 몸과 마음에 견딜 수 없는 고통이 찾아온다. 배고픔은 사람의 마음을 가난하게 만든다. 배고픔 만큼 고통스러운 것도 없다. 그때 깨닫게 된다. 사람은 무엇인가를 채워 넣어야 사는 지극히 연약한 존재임을 말이다.

두 번째 이유는 사람은 외부로부터 도움을 받아야 하는 존재인 동시에 지극히 자기 책임적인 존재인 자존적 존재, 자생적 존재임을 깨닫게 하기 위함이다. 아무리 좋은 음식이 눈앞에 차려져 있어도 그것을 떠서 입에 넣고, 씹고 삼키고 소화시키는 기능은 누구도 대신해 줄 수 없다. 그 일은 본인 스스로의 일이다. 먹는 일은 본인의 문제이고 스스로 해야 하는 일이며 스스로 책임져야 하는 문제이다. 이것은 선택의 여지가 없다. 외부로부터의 도움은 한계가 있다. 그 영역을 넘어서는 것은 모두 자기 선택이요, 자기 결정이며, 자기 책임이다.

세 번째 중요한 이유는 육의 양식을 통해 영의 양식의 필요성을 알려주시기 위함이다. 육을 위해 매일 규칙적으로 꾸준히 골고루 먹어야 하듯이 영을 위해서도 그렇게 양식을 먹어야 한다. 사람들은 육의 양식을 잘 먹으면 만족스러워한다. 정말 그러가? 아니다. 배가 부르면 다른 것이 고파지기 시작한다. 사람은 영적인 존재이며, 의미를 추구하는 존재이며, 생각하는 존재이다. 배부른 것만으로는 만족할 수 없는, 만족하지 못하는 존재이다.

사람은 영적인 심오한 부분이 어루만져질 때 비로소 채워지는 영의 존재이다. 모든 사람에게는 인정이 필요하고 격려가 필요하고 칭찬이 필요하다. 모든 사람에게는 엄마가 필요하고 모든 사람에게는 보호자가 필요하다. 그러나 무엇보다도 좋은 영의 양식, 꾸준한 영의 양식, 잘 소화된 영의 양식, 몸과 삶에 에너지를 내는 영의 양식을 잘 섭취해야 깊은 내면이 채워진다.

풀은 마르고 꽃은 시드나 우리 하나님의 말씀은 영원히 서리라 하라(사 40:8)

자연도, 사회도, 제도도, 국가도 바뀐다. 사람의 마음도, 얼굴도, 가치관도 바뀐다. 그러나 시대가 아무리 변하고 상황이 아무리 바뀌어도 변하지 않은 양식이 있다. 영원한 양식, 절대적인 양식, 위대한 양식, 풍성한 양식, 모든 것이 다 변하고 사라지고 지나가도 영원히 변치 않는 양식이 바로 하나님의 메시지이다.

메시지는 선물(The Present)이다

하나님이 사람에게 주신 최고의 선물은 '말씀'이다.

하나님은 사람을 말하는 존재로 지으셨다. 사람은 말할 뿐 아니라 하나님의 말씀도 말할 수 있는 존재로 지음 받았다. 죄인인 사람의 더러운 입술 속에 어떻게 거룩한 하나님의 진리의 말씀을 담을 수 있을까? 있을 수 없는 일이다. 절대 불가능한 일이다.

그런데 하나님은 그렇게 하기를 원하신다. 연약하고 유한한 사람의 입술을 통해, 전능하고 무한하신 창조주 하나님의 말씀이 선포되는 최고의 선물을 주신다.

말에는 권세가 있다

말에는 말을 한 사람의 권위와 힘과 능력이 담겨 있다. 경부고속도로를 포장하여 직접 만든 사람은 박정희 대통령이 아니다. 도로 현장에 있던 많은 인부들이다. 그러나 최고 권위자의 명령, 즉 권위자의 말이 경부고속도로를 만들게 했다. 말의 영향력과 힘은 상상 이상의 능력이 있다. 사람이 사람의 생각과 언어를 말로 표현하면 사람의 능력이 나타난다. 그 사람에게 부여된 힘과 권위와 영향력이 나타난다.

그렇다면 만약 사람의 입에서 하나님의 말씀이 나간다면 무슨 일이 일어날까?

온 우주의 최강이신 전능하신 하나님의 절대적 힘과 권위를 가진 살아 있는 강력한 말씀이 그 말씀을 대언하는 대언자의 입을 통해 나간다면 과연 무슨 일이 일어날까? 말씀은 곧 하나님이시다. 선포된 말씀 속에 하나님이 나타나시고, 하나님의 인격과 능력이 나타난다. 비록 천박한 사람의 입술이지만 그 입술이 하나님의 말씀을 선포하는 대언의 도구로 일을 하는 바로 그 순간만큼은 하나님의 능력이 나타난다. 이것이 선포의 원리이며 메시지 테라피의 원리다.

하나님은 하나님의 대언자를 통해 말씀을 그 입술에 넣어 주시고 하나님의 능력이 나타나도록 말씀을 선포하게 하신다. 하나님은 예레미야의 입술에 말씀을 넣어 주시겠다고 약속하셨다.

> [6] 내가 이르되 슬프도소이다 주 여호와여 보소서 나는 아이라 말할 줄을 알지 못하나이다 하니 [7] 여호와께서 내게 이르시되 너는 아이라 말하지 말고 내가 너를 누구에게 보내든지 너는 가며 내가 네게 무엇을 명령하든지 너는

말할지니라(렘 1:6-7)

또, 하나님은 에스겔의 입술에 생기를 향해 대언하라는 명령을 내리셨다.

> 또 내게 이르시되 인자야 너는 생기를 향하여 대언하라 생기에게 대언하여 이르기를 주 여호와께서 이같이 말씀하시기를 생기야 사방에서부터 와서 이 죽음을 당한 자에게 불어서 살아나게 하라 하셨다 하라(겔 37:9)

그리고 그 명령에 순종하여 대언자가 말씀을 선포할 때 정말 하나님의 무시무시한 생명의 역사가 바로 그 현장에서 일어났다. 마른 뼈가 살아났고 마른 뼈들이 큰 군대를 이루었다.
말씀이 가장 강력하다.
말씀이 가장 위대하다.
말씀이 가장 우수하다.
그런 의미에서 메시지란 사람에게 주신 전지전능하신 하나님의 최고의 선물이다.

메시지는 소통이다

말은 인간관계에 있어 가장 중요하고도 강력한 관계의 도구이다. 말이란 하나님과 사람, 사람과 사람, 사람과 상황과 자연이 만나는 창이다. 말이란 대화의 통로이며 소통의 도구이다. 말하고, 말이 통해야 한다. 사람은 언어와 대화를 통해 관계를 맺어간다.

오순절 마가의 다락방에 성령님이 임하셨을 때, 네 가지 현상이 나타났다. 소리의 역사, 바람의 역사, 불의 역사, 그리고 방언의 역사이다. 예수 그리스도의 구원이 임하고, 성령님이 임하셔서 새로운 시대가 열리는 패러다임의 전환기에 나타난 현상 중 하나가 바로 방언이었다. 왜 하필 다른 은사도 많은데 방언의 역사가 있었을까?

방언은 하늘의 언어이다. 하늘의 문이 열리면서 하늘의 언어가 열렸다. 하늘의 언어가 열리면 하늘과의 관계가 다시 열린다. 바벨의 저주로 단절되었던, 하나님 나라가 새롭게 개방되는 성령의 시대에 하나님은 대화의 창구를 활짝 열어 놓으셨다는 놀라운 메시지였다.

방언이 임하자 각 나라에서 온 사람들이 베드로의 설교를 알아듣고 놀란다. 방언이 임하자 언어로 막혀 있던 장벽이 무너지고 다시 소통이 일어난 것이다. 방언이 임하자 대화가 열리고 언어가 열리자 관계도 열린 것이다.

사람은 관계의 존재이며 만남의 존재이다. 관계와 만남의 가장 중요한 매개체는 바로 '말, 즉 언어'이다. 말이 통해야 관계가 통하고, 말이 통해야 만남이 된다. 사람들은 말하고 싶어 한다. 누구에게나 수다가 필요하다. 하고 싶은 말을 해야 사는 것 같다. 누군가 내가 할 말을 열어주고, 내 이야기를 들어주고, 내 감정을 받아주며, 내게 필요한 말은 들어야 하고, 내 마음에 필요한 말들이 심겨져야 한다. 하나님의 메시지는 이 모든 것을 충족히 채우는 가장 훌륭한 소통의 도구이다.

메시지는 아름다움이다

말은 소통인 동시에 사람의 인격과 아름다움을 대변하는 실체이다. 말을 해보면 품격이 드러난다. 말을 해보면 가치관과 생각이 보인다. 말을 해보면 그 사람의 수준이 드러난다. 아름다운 사람이 아름다운 말을 한다. 천박한 사람은 천박한 말을 한다. 이기적인 사람은 이기적인 말을 한다. 죄인들은 죄에 대해 말한다. 인격적인 사람은 인격적인 말을 한다. 사랑하는 사람들은 사랑의 말을 한다. 말은 곧 성품이며, 인격이며 그의 아름다움이다.

말을 잃어버리면 아름다움을 잃어버리고, 말을 회복하면 아름다움이 회복된다. 좋은 말을 회복하면 내면과 외형의 아름다움이 회복된다. 하나님의 메시지는 영혼과 육체를 새롭게 하는 황홀한 아름다움이다.

사실 제가 이혼 경험이 있거든요.
사실 뭐… 결혼 시작부터 잘못되었죠.
신혼 때부터 이 결혼은 잘못된 결혼이라는 것을 알았어요.

그후 8년 동안 거의 지옥 같은 결혼생활이 시작되었죠.
이혼 후 4년 동안 가족, 친구 사이도 모두 끊고 혼자 지냈어요.
그때부터 불면의 밤이 시작된 것 같아요.
그러니까 신대원 1년차 때부터이죠.
한 4-5년 동안은 거의 침묵 기간이었던 것 같아요.
제 곁에는 아무도 없었어요.
그동안 제 마음이 편한 적은 거의 없었던 것 같아요.

내 앞에 오랜 시간 불면증에 시달린 50대 중반의 한 여성이 얼굴에 깊은 어둠을 드리우고 앉아 있었다. 이혼 후 가족들과도 단절되었고, 깊은 우울증으로 교회 사역도 모두 사임한 상태에서 상담을 요청해, 몇 번의 상담 회기가 진행되고 있었다. 자그마한 몸은 움츠러져 있었고, 목소리는 작고 힘이 없었으며, 상담자의 시선을 회피한 채 대화를 이어가곤 했다.

그렇다면 전도사님. 만약 하나님께서 어느 날 전도사님의 아픔을 모두 치료해 주셔서 병이 나아 깊은 숙면을 취하셨다고 해 보죠! 모든 상황이 해결되고, 좋아졌다고 가정해 보죠. 만약 그렇게 회복이 되었다면 전도사님에게는 무슨 일이 일어날까요? 만약 지금 전도사님이 안고 계신 그 모든 무거운 짐이 다 해결되는 기적이 일어난다면 전도사님의 모습은 어떻게 변화될 것 같으세요?

나는 단기가족치료에서 배운 '기적 질문'을 시도해 보았다. 내담자에게 소원을 물었고, 가장 먼저 무엇을 하고 싶은가를 물어보았다. 다행히 질문이 효과가 있었다.

네? 단 하루라도 모든 피로를 다 씻고 자게 된다면요?
그러면… 그러면…

내담자는 한동안 생각에 잠기다 갑자기 생각난 듯 입을 열었다.

그렇다면, 제 입에서… '찬양'이 흘러나올 것 같아요.
제 스스로 홀로 하는 찬양 말이에요.

내담자의 입에서 '찬양'이라는 단어가 나오는 순간, 그녀의 얼굴과 몸을 덮었던 짙은 어둠이, 순식간에 밝은 광채로 바뀌는 멋진 광경을 목격했다. '찬양'이라는 말과 함께 갑자기 내담자의 얼굴이 놀라울 정도로 밝아졌다. 나는 다시 말했다.

전도사님. 지금 전도사님께서 '찬양'이라는 단어를 말씀하시면서,
얼굴 표정이 완전히 바뀌신 것을 느끼셨나요?

그녀는 감격에 젖어 말없이 고개를 끄덕였다. 얼굴에 눈물이 흘러내리고 있었다. 나는 다시 물었다.

그렇다면 전도사님!

어떤 찬양, 어떤 곡을 어떻게 부르실 것 같으신가요?

혹시 떠오르는 찬양이나 가사가 있으신지요?

그녀가 대답했다.

예. 저는 옛날 찬양밖에 모르는데,

아마도 '예수 우리 왕이여' 같은 찬양을 할 것 같아요!

그날 내담자는 내가 보았던 얼굴 중, 가장 밝고 행복한 얼굴을 하고 집으로 돌아갔다. 몇 년 동안 가지고 있던 어둠의 얼굴, 절망과 낙담의 얼굴, 수심과 염려로 눌리고 일그러진 얼굴은 '찬양'이라는 아름다운 말을 찾아낸 후 빛과 기쁨으로 바뀌어졌다. 환하게 웃는 모습이 그렇게 예쁘고 아름다울 수 없었다. 그녀에게 아름다움을 회복시켜 준 고마운 말이 바로 '찬양'이었다. 말을 회복하자 얼굴빛이 환해졌고, 말을 회복하자 기운이 솟아났고, 말을 회복하자 희망이 찾아왔다.

말은 아름다움이다.

잃어버린 말을 찾아내면 내면의 아름다움이 회복된다.

잃어버린 말을 찾아내면 오랜 상처를 치유할 수 있다.

잃어버린 말을 찾아내면 앞 길이 꽉 막혀 꼼짝 못하던 삶에 새 길이 열리는 행복한 미래를 발견하고 흥분하게 된다.

메시지는 행복한 아름다움이다.

09

메시지 속에 '당신'이 있다

'나는 누구인가?'라는 물음에 열광한 일본 열도

2000년 여름.

한국에 상륙하여 흥행에 성공했을 뿐만 아니라 많은 사람들의 가슴을 흔들어 놓았던 감동적인 일본 영화가 있었다. 〈쉘 위 댄스〉라는 영화이다.

이 영화에는 한 중년 남성이 주인공으로 등장한다. 얼굴도 제법 미남이고 체격도 건장하다. 결혼해서 10년 동안 그야말로 모범적으로 성실한 삶을 살아온 평범한 남성이다. 그는 사랑스러운 아내와 딸을 둔 화목한 가정의 가장이었고, 자기 소유의 집과 부족하지 않을 정도의 재산을 소유하고 있어 보였다. 안정적인 직장의 중견 간부로 실력과 인격 모든 면에서 인정받고 있던 잘 나가는 아저씨였다.

그런데 마흔을 갓 넘긴 그에게 느닷없이 위기가 찾아온다. 자신의 삶에 아무 의욕도 없어진 것이다. 사실 그는 세상 사람들이 사력을 다해 이루고자 하는 목표를 이룬 성공한 사람이었다. 평범해 보였지만, 결코 평범하지 않았다. 사랑하는 아내와 딸을 둔 화목한 가정, 인정받은 실력, 덕망 있는 인격, 잘생긴 외모, 아주 부유하진 않지만 부족함 없는 경제력 등 그는 이미 부족할 것이 없는 남부럽지 않은 삶을 살고 있었다.

그러나 영화 속에서 그의 얼굴은 늘 딱딱하게 굳어 있었고, 그의 영혼은 깊은 우울감에 사로잡혀 있었다. 모든 것을 이룬 자의 자신감이나 패기는 전혀 느껴지지 않았다. 출근할 때마다 자전거의 페달을 밟는 그의 모습은 살아 있는 송장이었다.

생명 없는 나무토막과 같이 먼 산을 바라보며, 반복적이고 습관적인 일과에 젖어드는 실패자의 모습, 아무 목적도 동기도 자극도 생기도 없는 지루하고 따분한 인생을 하루하루 반복하며 살고 있었다. 굳게 입술을 다물고 출근하는 그는 스스로에게 늘 이렇게 말하고 있는 것 같았다.

나는 도대체 누구일까?
도대체 나는 왜 이렇게 살아야 하는 거지?

그러던 어느 날, 그의 삶에 활력을 주는 사건이 일어났다. 우연히 바라본 댄스 교습소 창가에 서 있던 한 댄서의 얼굴을 보게 되면서부터였다. 우수에 찬 얼굴은 단번에 그의 시선을 사로잡았고, 그는 바로 댄스 교습소로 갔고, 춤을 배우면서 중년의 일탈을 경험하고 삶의 활력을 되찾는다는 이야기이다.

이 영화에 내가 주목한 이유는 영화에 대한 사람들의 반응 때문이다. 이 영화는 당시 일본에서 220만 이상의 사람들이 보았고 일본 아카데미 13개 부문 수상, 그리고 역대 일본 영화 중 미국 흥행 1위(190만)의 기록을 남겼다. 일본에서 흥행에 성공했다는 소식에 한국의 영화 마니아들은 수천 개의 불법 복사 테이프를 제작하여 한국 땅에 보급시켰다. 왜 이 영화가 일본에서 주는 큰 상을 받았고, 또 흥행에도 성공했을까? 그것은 많은 중년층들에게 '사실 나도 그래!'라는 공감 반응을 불러일으켰기 때문이다.

화목한 가정, 탁월한 능력, 덕망 있는 인격, 잘생긴 외모, 아주 부유하진 않지만 부족함 없는 재산, 사회가 말하는 행복의 기준과 목표를 이루기 위해 죽기 살기로 달려왔다. 그리고 어느 정도 그 목표도 이루었다.

그런데 웬걸? 행복은 거기에 있지 않았다. 이 허무와 절망감을 느끼는 시기가 바로 중년의 때인 것이다. 사람들이 행복을 위해 추구하는 많은 것들을 이루었고 그 목표에 도달했음에도 알 수 없는 공허로 헛헛한 삶의 허무를 느끼는 시기인 것이다.

나는, 그리고 당신은 누구인가

오늘날 세계에는 70억의 사람들이 살아가고 있다. 그들 중 많은 사람이 자살로 생명을 버린다. 그리고 이 자살률은 꾸준히 늘고 있다. 특히 한국은 더욱 그렇다. 하지만 70억의 대다수 사람들이 자살하지는 않는다. 오히려 필사적으로 자신의 인생을 위해 몸부림치며 열심히 살고 있다. 이유는 단 한가지이다. 아직 죽을 이유가 충분하지 않기 때문이다. 나름대로의 살아야 할 이유와 목적이 있기 때문이며, 그 기저에 아직 자신 스스로가 자살을 생각할 만큼 비관적이지 않고 괜찮다는 생각을 소유하고 있기 때문이다.

하루하루 근근이 살아가는 가난한 서민도, 날로 늘어가는 체중과 주름 때문에 비관하는 여성들도, 앞길이 전혀 보이지 않고 매일의 생활이 불편한 신체장애자들도 나름대로의 살아야 할 이유와 의미, 자기 만족이 있다. 이것이 바로 우리가 오늘을 살아 있게 하는 동기이다. 대부분의 사람들은 아직 절망하지 않았기 때문에 죽지 않는다. 아직 자신에 대한 그리고 삶에 대한 소망이 있기 때문에 죽을 수 없다.

그러나 전혀 예기치 못한 운명의 날이 찾아온다. 바로 자신이 피하고 가려왔던 자신의 '내면의 거울'을 보게 되는 바로 그날이다. 자신의 내면의 진실을 보게 되는 바로 그날, 모든 사람은 충격을 받는다. 자신이 은근히 기대하고 있던 바로 그 기대가 아무것도 아니었다는 무의미를 발견하는 것이다. 자신은 그래도 괜찮은 사람인 줄 알고 있었는데, 자신은 그래도 살 만한 가치가 있는 사람이라고 생각했었는데, 생각보다 지저분하고, 생각보다 악하며, 생각보다 잔인하고, 생각보다 더 이기적인 솔직한 자기의 실체와 현실을 자각(Awareness)하게 된다. 자신의 삶의 이유였던 기대와 환상이 일순간에 무너진다. 바로 그때 심한 정신적 쇼크(Shock)를 받게 되고 절망하게 된다.

나는 누구인가?

어렴풋이 발견한 자기의 내면의 진실 앞에 그는 한없는 절망의 울음을 터뜨리게 된다.

나는 누구인가?

누구나 인생을 살아가면서 한번쯤은 던지는 질문이다. 표면적으로 내색하지는 않지만, 누구나 이 질문에 대한 대답을 찾기 위해 평생 고민하며 살아간다.

마흔 살이 지난 이후 나에게는 이상한 버릇이 생겼다. 거울을 보며 찡그리는 습관이다. 마흔 살이 지나면서 내 몸은 생각하지 못했던 변화가 일어났다. 피부가 거칠어지고, 잔주름이 생기기 시작한다. 머리카락에 하얀 새치가 하나 둘 생기기 시작한다. 저항할 수 없이 체중이 늘어가고, 배가 나오기 시작하였다. 가끔씩 면도를 하다가 살을 베기도 하고, 식사를 하다가 음식을 떨어뜨리는 빈도가 늘고 있다. 사진을 찍기가 점점 부담스럽고, 사진을 찍은 후에도 점점 사진을 확인하지 않게 된다. 시간이 지날수록 자신감이 없어지는 자신을 발견하게 된다. 마흔아홉 살. 그래도 아직 괜찮은 나이인데 거울 앞에서 나는 점점 작아지고 형편없어 보인다.

자신의 내면을 들여다보는 일은 거울에 비친 상처 난 얼굴, 못 생겨진 자기 모습을 보는 것과 비슷하다. 하지만 그나마 거울이라도 들여다보아야 망신당하지 않는다. 힘들고 어색하고 불편하고 초라하지만 거울마저 보지 않는다면 다른 사람들이 도대체 나를 어떻게 보겠는가?

나는 누구인가?

이 질문은 자신의 정체성을 찾기 위해 하는 청소년들만의 질문이 아니다. 이 질문은 우리 모두가 전 인생을 통해 매일 자신에게 던져야 하는 중요한 질문이다.

너 자신을 알라

고대의 현자는 이 명언을 우리에게 남겼다. 이 명언은 지금까지도 세계의 많은 사람들에게 영향력을 끼친다. 나를 아는 지식은 지식 중의 지식이요, 지혜 중의 지혜이다.

지금 종이를 집어 들고 '나는 누구인가?'에 대한 물음에 대답하여 보라.

얼마만큼 답을 적을 수 있는가?

'나'라는 사람에 대한 인품, 성격, 특징, 기호, 취미, 버릇, 인간성, 장점과 단점, 한계 등을 적어보라. 단순히 '나는 나다.'라는 어리석은 답으로 이 중요한 질문을 간과하지 않길 바란다. 표현력은 실력이다. 표현되어 전달되지 않으면 없는 것과 마찬가지이다. 자신이 자신을 얼마나 알고 있는지 표현할 수 있는 사람만이 자신을 가장 잘 아는 사람이다.

나를 바르게 알고 있으면 자신감이 생긴다.

자신감은 소유와 소속감에서 오는 안정에서 출발하는 것이 아니다. 자신감은 진실함에서부터 출발한다. 진실 된 나를 아는 사람은 자신감이 넘친다. 나 자신의 약점과 장점을 알고 있는 사람의 목소리는 단호하고 명백하다. 나 자신의 약점을 인정하지 않으려고 할 때 자신감은 사라진다. 나 자신에 대하여 불투명하며, 나 자신에 대한 지각이 불분명할 때 그의 목소리는 떨리며 그의 표정은 굳어지게 된다. 나에 대한 올바른 인지가 있으면 대상을 섣불리 판단하거나 오해하지 않는다. 내가 어떠한 존재인지 알면, 나에 대하여 그리고 다른 사람에 대여 용서가 가능해진다.

사실 많은 사람들은 자신을 잘 알고 있고 자신을 사랑하고 있다고 말한다. 그러나 대부분의 사람들은 자신에 대해 무지하다. 사랑한다고 하면서 학대한다. 자신에게 제일 좋은 것을 해 준다고 하면서 사실은 독약을 먹이고 있다. 왜곡된 지각과 잘못된 기대를 가지고 있기 때문이다. 자신을 알고자 하는 노력과 관심으로 발걸음을 옮겨야 한다. 목적지에 도달할 수 있을지에 대한 물음이 제기되기도 하지만, 그래도 이 일은 꼭 해야 한다. 자신을 알아야 오늘 해야 할 일을 할 수 있으며, 오늘 나의 존재가 의미 있기 때문이다.

나를 찾아가는 네 가지 메시지 통로

첫 번째 – 나 자신 : 내가 아는 나

나의 가장 중요하고 가장 정확한 첫 번째 메시지 통로는 다름 아닌 '나'이다.

수학여행이나 졸업 사진, 혹은 수련회 때 찍은 단체 사진을 받아 본 경험이 있을 것이다. 전체가 모여서 헤어지는 아쉬움을 뒤로한 채 추억을 위해 기념하여 찍은 사진들 말이다. 단체 사진을 찍게 되면 만약을 대비하여 서너 차례 같은 사진을 여러 번 찍게 된다.

자, 지금 당신 앞에 당신이 포함되어 있는 서너 장의 단체 사진이 있다고 하자. 당신은 어느 사진을 찾겠는가? 말할 것도 없이 '내'가 잘 나온 사진이다. 이유는 간단하다. '내'가 잘 나왔기 때문이다. 좋은 사진, 잘 찍은 사진을 구분하는 기준은 간단하다. '내'가 잘 나온 사진이다. 가족사진을 찍어도 마찬가지이다. 좋은 사진이란 자신의 얼굴이 잘 나온 사진이다. 다른 가족이 눈을 감든 다른 곳을 바라보든 상관없다.

사람들은 거의 본능적으로 자기에게 관심을 갖는다.

본능적으로 자신의 얼굴을 찾고 자신의 자리를 찾고, 자신의 욕구를 채우려 한다. 매우 이타적인 훈련을 받은 사람들도, 자신을 비워 종의 형체를 가진 신앙의 거인들도 무의식중에 자기중심적 입장을 취하게 된다.

그러다가 어느 날 이기적이고 천박한 모습의 나를 발견하게 된다. 그동안 알고 있고, 믿고 싶었던 자신의 모든 모습이 허상이고 가면(mask)이라는 것을 깨닫고, 그 가면 뒤의 진짜 얼굴을 보는 순간이 오게 된다. 바로 그 순간 엄청난 절망이 찾아온다. 옷을 찢고 마음을 다 찢어도 분통이 풀리지 않는 비탄의 절규가 바로 그때 일어난다.

그러나 이 애통은 비극의 애통이 아닌, 희망의 애통이다. 인간은 자기 절망을 깨달을 때, 비로소 신을 향해 기도하기 시작한다. 인간의 절망이 믿음의 출발점이 된다. 인간의 고통은 소망의 시작점이 된다. 애통을 경험해야 천국으로 들어갈 수 있다. 깊은 심연의 나, 깊은 곳에 꼭꼭 감추고 있는 나의 진실을 바라볼 수 있는 자기 비늘이 벗겨질 때, 비로소 천국의 소망과 기쁨의 가치를 이해할 수 있는 철든 사람이 된다.

두 번째 - 타인 : 다른 사람이 보는 나

'나'를 찾아가는 두 번째 메시지 통로는 타인, 즉 '다른 사람이 알고 있는 나'이다. 내가 보는 나와 다른 사람이 보는 나는 무척이나 다르다. 아니, 달라도 너무 다르다. 다른 사람들은 내가 보지 못하는 나의 모습을 본다. 그들은 나보다 자주 내 이름을 부르는 사람들이며, 내가 볼 수 없는 내 모습을 항상 보고 있다. 어떤 점에서 나보다 나를 더 잘 안다.

가족치료 분야로 학위를 받은 나이기에, 기본적으로 가족에 관심이 많을 뿐만 아니라, 나름대로 좋은 아버지와 남편이 되려고 애를 쓰는 편이다. 그러고 보니 늘 100점짜리 남편, 슈퍼맨 남편에 대한 환상을 갖고 있었다. 내가 목사이고 가정 사역을 전공하는 상담전문가이기 때문에 내 가정은 늘 행복해야 했고, 내 아내는 열과 성을 다해 가정을 위해 애쓰는 남편에게 늘 감격해야 했다. 그리고 나의 아들과 딸은 그런 아버지를 무척이나 좋아해야 했다. 적어도 나는 그런 오만한 기대를 늘 안고 살았다. 열심히 그리고 자주 집안일을 잘 도와준다고 생각했다. 아이도 잘 보고, 외식도, 가족 소풍도, 그리고 시장 보기도 함께하려고 많은 애를 쓰고 있다고 생각했다. 가끔씩 없는 요리 실력을 선보여 아내를 기쁘게 해 주려는 가상한 노력도 잊지 않았다.

그런데 어느 날, 그러한 나의 완벽한 환상이 깨어지고 말았다. 신문을 보던 아내가 당시 네 살짜리 아들과 놀고 있는 나를 바라보며, 이런 말을 건넸다.

당신 말이에요. 당신은 스스로 당신이 좋은 남편이라고 생각해요?
착각하지 마세요. 당신은 별로 좋은 남편이 아닌 것 같아요.

신문을 보며 농담반 진담반 툭 던진 아내의 말은 가정에 대한 자신감에 충만해 있던 나에게 커다란 도전장으로 들렸다. 변명을 하려고 입을 여는 나에게 아내는 내가 꿈에도 기억하지 못했던 하나의 사건을 이야기했다.

아들을 임신하고 있던 어느 날 밤, 아내가 나에게 시원한 쵸코 음료가 너무 먹고 싶다고 이야기했는데 무심한 나는 임신한 아내의 단 한번의 요청을 단숨에 거절했다는 것이다. 벌써 4년이나 지난 일을, 더구나 아내는 날짜와 시간, 그때의 상황과 정황을 너무나 정확하게 기억하고 있었다. 어이가 없는 억지 주장에 대해 나는 기가 막혀 아무 말도 하지 못했다.

아내는 나에게 자신이 보고 있던 신문을 건네주었다. 「한국 남편들의 실상」이라고 기록된 일간 신문의 한 면에는 이런 기사가 있었다.

한국 남성의 74.5%는 자신이 가정과 아내에게 잘한다고 착각하고 있다.

감독과 PD는 출연자들을 돕는 사람이다. 출연자들을 객관화시키고 역할에 맞는 모습으로 알맞게 맞추는 작업을 하는 사람들이다. 감독과 PD는 부단히 출연자들을 모니터(Monitor) 한다. 유명인일수록 공인일수록 인기 있는 연예인일수록 모니터링 작업이 철저하다. 아나운서, 기상 캐스터, 교수 혹은 교사들, 심지어 정치인들도 이 작업을 한다. 다른 사람들에게 보여지는 나에 대한 객관화 작업 없이는 자신을 바르게 세워나갈 수 없다. 자신을 모니터할 때 보고 싶지 않은 자신의 못난 모습이 보인다. 얼굴은 왜 이리 크며, 표정은 왜 그리 어색한지, 발음이 어디서 뒤엉키는지, 말할 타이밍은 어디서 놓쳤는지 등 노련한 배우와 아나운서일수록 모니터 작업이 엄격하고 철저하다.

그러나 이 작업이 방송인이나 연예인에게만 필요한 것은 아니다. 모든 사람은 자신의 삶을 객관화하고 모니터링해야 한다. 듣기 싫지만 들어야 하고, 보기 싫지만 보아야 한다. 엄격한 객관적인 잣대에 나를 세우고 나의 단점을 철저히 그리고 낱낱이 살펴야 한다. 다른 사람의 눈에 비치는 나의 모습에 대한 파악과 인정 없이는 자기 성장을 위한 첫걸음을 내디딜 수 없다.

세 번째 – 시험 : 사탄이 아는 나

'나'를 찾아가는 세 번째 메시지 통로는 인정하기 싫고 좀 불편할 수 있겠지만 사탄, 즉 마귀이다. 사탄도 나를 잘 알고 있다. 사탄이 나의 약점과 단점을 교묘히 이용하는 포인트를 파악한다면, 자신에 대한 새로운 영역을 발견을 할 수 있다.

사탄은 대단히 지혜롭다. 세심하며 교묘할 뿐 아니라 거짓의 아비이며 전략과 전술의 왕이다. 사탄은 하나님이 누구이신지 잘 알고 있을 뿐만 아니라, 사람이 어떠한 존재인지를 잘 알고 있다. 사람들이 무엇을 좋아하고 무엇에 약한지 그리고 무엇에 꼼짝 못하는지를 너무나 잘 안다.

사탄은 수천 년 간 수많은 사람들을 상대해 온 임상심리전문가이다. 그는 사람의 마음을 움직일 줄 아며, 사람을 충동시키고, 고꾸라뜨리는 법을 너무 잘 알고 있다. 그의 전공은 사람을 넘어뜨리는 것이며, 파멸로 이르게 하여 죽이는 것이다. 사탄은 열심히 사람들 옆에서 사람들을 지켜보고, 데이터를 수집하고 분석하고 있다.

어떤 상황 앞에서 유혹을 느끼는지, 돈과 권력 명예 앞에서 얼마나 약해지고 비겁해지는지 믿음의 현장에서 얼마나 위선적인 모습으로 위장을 하는지, 죄가 주는 미혹과 쾌락에 얼마나 쉽게 넘어가는지를 철저히 분석하고 있는 것이다.

사탄은 사람들의 과거를 알고 있다.

특히 숨기고 지워버리고 싶은 우리의 모습, 깊은 상처에 대해서 잘 알고 있다. 사탄은 과거에 내가 어떤 거짓말을 했으며, 어떤 실수를 했고, 어떤 약점이 있는지에 대해 기억하고 있다. 그리고 적당한 때를 기다려 그 과거를 사람들에게 고자질하려고 한다. 사탄은 나로 하여금 과거의 약점에 매이게 하고, 그 과거의 아픔이 현재와 미래에 계속될 것이라는 부정적인 생각을 반복적으로 주입시켜 상처와 열등감과 고통에 중독되도록 나를 가두려 한다.

사탄은 정확히 알고 있기에, 정교하게 속인다.
너무 잘 알기 때문에 철저하고 교묘히 속일 수 있다. 사탄은 성경에 대해 정확히 잘 알고 있다. 그래서 누구보다 성경을 치밀하게 왜곡시킬 수 있다. 사탄은 광야에서 기도하는 예수님, 감히 성경의 대가이시고 말씀 그 자체이신 예수 그리스도 앞에서 시편의 말씀을 들이대며 도전했다. 사탄은 결코 바보가 아니다. 상대도 안 될 싸움을 걸어오지 않는다. 예수님께 도전해 볼만한 싸움이니 시비를 건 것이다. 사탄은 말씀이신 그분 앞에서 말씀으로 도전할 만큼 말씀에 대해 박식하고 자신만만했다. 그만큼 사탄은 말씀에 대한 정확한 이해와 분별을 하고 있었다는 얘기이다.

사탄은 내가 아는 나보다 나에 대해 더 많은 지식을 가지고 있다.
나 자신을 나보다 훨씬 더 잘 알고 있다. 그렇기 때문에 내 안에 있는 하나님의 형상을 정확하게 왜곡시킨다. 나를 무능하고 부정한 사람으로 판단하게 하며, 나 자신을 가능성이 없는 존재로 만들어 버린다. 이미 얻은 구원에 대해 의심을 불어넣고 하나님의 용서와 사랑을 망각하게 만든다.
사탄은 수석 사도 베드로가 천국의 열쇠를 예수님께 받아든 바로 그 은혜의 현장에 나타나 베드로를 교만하게 만드는 대담함을 가지고 있다.

나를 정확하게 알기 위해서는 사탄 이상으로 자신에 대하여 연구하고 분석해야 한다. 사탄이 분석해 놓은 나의 단점과 약점, 그리고 나의 열등감 영역을 잘 파악한 후 그의 공격에 대비해야 한다. 사탄은 나를 이해하고 나를 파악할 수 있는 또 하나의 메시지의 통로이다.

네 번째 – 하나님 : 창조주가 보는 나
'나'를 찾아가는 마지막이자 가장 중요한 메시지 통로는 하나님 아버지이시다. 누가 뭐래도 하나님이 가장 잘 나를 아신다. 그래서 하나님을 알아야 나를 알 수 있다. 하나님은 나보다 나를 더 잘 아시고, 나를 이해하시고, 나를 수용하시며, 세상 그 누구보다 나를 사랑하시며 나를 창조하신 나의 디자이너이시다.

재미있는 얘기를 들은 적이 있다. 중학생들로부터 어른에 이르기까지 다양한 계층의 대상을 놓고 강의하던 한 강사가 한 가지 질문을 청중들에게 던졌다고 한다.

여러분, 영화에서나 텔리비전을 보면 아파트나 빌딩 엘리베이터가 고장이 나서 사건이 발생하는 경우가 많지요? 그런데 만약 여러분이 엘리베이터를 탔는데, 그만 고장이 났다고 가정해 봅시다. 비상연락망도 차단되어 통신마저 두절되고, 누군가가 와서 꺼내 주어야 생명을 건지게 될 절대절명의 위기의 순간이 왔다고 가정합시다.
만약, 그때 당신의 곁에 누군가 한 사람이 있을 수 있다면, 당신 옆에 초대하고 싶은 사람은 누구이겠습니까?

한 중학생이 이런 대답을 했다.

엘리베이터 전기기사!

재치가 넘치는 기발한 대답이 아닐 수 없다.
엘리베이터 전기기사와 함께 있다면 고장 난 엘리베이터를 고치고 살아나올 수 있다. 엘리베이터가 고장 났지만 고칠 수 있는 능력이 있는 사람이 있으면 어려움은 극복된다. 제조자(Maker)는 물건을 디자인(Design) 한다. 제조자는 물건의 사용 의도와 목적을 분명히 알고 있다. 그는 누구보다도 자신이 만든 제품을 가장 잘 아는 사람이다.
사람을 디자인(Design)한 디자이너(Designer)가 있다. 창조주 하나님이시다. 사람을 디자인(Design)하고 사람을 창조한 창조주 하나님은 피조물인 사람보다도 사람을 더 잘 알고 계신다.
사람들은 왜 상처를 받고 힘들어할까?
사람들은 왜 외로움과 고독의 문제 앞에 힘들어할까?
왜 사람들은 두려움과 불안을 못견뎌할까?

사랑하도록 그리고 사랑받도록 창조되었는데, 그렇지 못하기 때문이다. 성취와 의미를 이루며 사명을 좇아 일하며 살아야 하는데, 그렇지 못하기 때문이다. 창조의 목적대로 살지 못하니 부작용이 생긴 것이다. 사람을 창조한 전지전능한 창조주가 있다. 그 창조자의 의도를 알면 나를 발견할 수 있다. 창조자의 목적과 의도와 계획을 알면 내가 어떠한 존재인지를 알게 된다.

내가 그분으로부터 어떻게 지음 받았는지를 알면 내가 지금 나에게 어떻게 해야 하는지에 대한 정확한 답이 나온다. 그러므로 '나'를 아는 가장 중요한 지식은 '나'를 창조한 창조주를 아는 것에서부터 비롯된다.

말씀의 지식이 곧 나를 아는 최고의 지식이다.

메시지의 능력이 곧 나를 발견하는 능력이다.

메시지의 능력이 곧 내 안의 잠재력을 여는 신비의 열쇠이다.

메시지의 능력이 내가 가야 할 그 길을 찾을 수 있는 가장 빠르고, 유일한 능력이다.

하나님을 아는 지식이 내 안의 비밀을 풀 수 있는 최고의 통로이다.

내 인생의 결정적인 단서는 바로 그 창조주 하나님의 생각과 손 안에 있다.

창조주 하나님을 아는 지식이야말로, 나를 가장 확실하게 알 수 있는, 최고의 메시지 통로이다.

10

온전히 회복된 나를 만나다

세상에서 도무지 가르쳐주지 않는 두 가지

박사학위를 따기 위해 마흔 살까지 힘들게 학교에 다니면서, 때마다 반복하여 떠오른 생각이 있다.

정말 중요한 것은 학교에서 안 가르쳐준다는 사실이다.

여덟 살부터 마흔 살까지 학교에 다니며 배우면서 '나 자신, '공진수'란 사람은 과연 누구인가?"에 대해 배워본 적이 없다. '나는 누구인가?'라는 질문은 가장 중요한 질문이면서 대답하기 가장 어려운 질문이다. 누구나 할 수 있고 누구나 해야 하지만 가장 난이도 높은 질문이고, 생애 최고의 수수께끼이다.

학교에서 결코 가르쳐주지 않은 중요한 한 가지가 더 있다.

가족이다.

결혼해서 아이를 낳으니 어느새 아버지가 되었다. 아이가 생겨 아버지가 된 기쁨은 이루 형용할 수가 없었다. 그런데 그 다음이 문제다.

일단 아빠가 되긴 했는데, 그럼 이제부터 어떻게 해야 하는 거지?

아이를 낳고 그제야 비로소 깨달았다.

내가 아빠에 대한 준비가 하나도 되지 않았다는 것을 말이다. 살아오면서, 아빠가 어떤 존재인지에 대해 배운 적이 없다. 매일 아빠를 보고, 아빠를 만나고, 아빠의 양육을 받고 살았지만, 아빠에 대해서는 배우지 못했다. 아무도 나에게 가르쳐주지 않았다. 아빠가 누구이고 아빠란 어떤 존재인지에 대해서 말이다. 아이를 낳으면 아빠가 되는 줄 알았다. 그런데 아니었다. 자녀가 생겼을 뿐 나는 전혀 준비되지 못한 아빠였다.

아이는 장난감이 아니었다.

아이는 집안의 가구나 가전제품이나 소모품과 달랐다. 아이는 생명체였고, 매일 환경에 적응하며 자라고 있었으며, 아이는 순반응과 역반응에 정확하게 반응하고 있었다. 무엇보다 영혼을 가진 너무나 소중한 생명 덩어리였다. 그런데 이 아이를 어떻게 키워야 하는지는 매우 당혹스러웠다.

2015년. 내 나이 40대 후반이 되었고, 아버지로서의 당혹감을 안겨준 바로 첫째 아들은 이제 고등학교 3학년이 되었다. 그런데, 나는 여전히 달라진 게 없다. 나는 여전히 당혹스럽다. 나는 현재, 고3 아들을 처음 키워보기 때문이다. 나는 전에 고3 아들을 키워본 적이 없다. 그리고 내년은 더 걱정된다. 대학생 아들을 처음 상대해야 하기 때문이다. '가족'은 쉽지 않다. 아버지가 된다는 것은 결코 가벼운 일이 아니다.

세상의 학문은 '사람'에 대해 가르쳐주지 않는다.

사람이 누구인지 사람이 어떤 존재인지 알려주지 않는다. 부분 부분은 이야기해 준다. 학설과 추론은 많다. 그러나 누구도 정확하게 자신 있게, 사람에 대한 모든 이야기를 해 주지 못한다. 그런 것을 배워본 적이 없다. 책을 보고, 자료를 찾고, 다큐멘터리를 보고 논문들을 뒤져봐도 명쾌히 말해 주는 곳은 없었다. 이유를 알 것 같다. 사람이 사람을 만들지 않았기 때문이다. 다른 사람들도 나만큼 모르기 때문이다.

사람에 대해 잘 알고 싶다면, 사람을 만든 창조주의 이야기를 들어봐야 한다. 창조주가 사람을 창조한 이유와 목적을 가장 명확하게 드러낸 곳이 바로 성경이다. 성경만이 정확하게 사람의 창조 목적에 대해 우리에게 이야기해 준다.

바로 그 '메시지'에서 우리는 '나는 누구인가'에 대한 정답을 발견할 수 있다.

사람은 흙과 생기로 지음 받았고, 먹어야 사는 존재이다

여호와 하나님이 땅의 흙으로 사람을 지으시고 생기를 그 코에 불어넣으시니 사람이 생령이 되니라(창 2:7)

성경의 근거에 따라 사람 공식(?)이라는 것을 만들어 보았다. 사람 공식은 이렇다.

사람 = 흙 + 생기

사람은 흙과 생기로 지음 받은 존재이다. 즉 사람은 육과 영의 존재이다.

사람을 재료로 분석하여 화학적 가치로 환산하면, 칼슘 2.25kg, 인산염 500g, 칼륨 252g, 나트륨 168g에 소량의 마그네슘과 철, 동이다. 사람은 체중의 65%가 산소 18%가 탄소 10%가 수소 그리고 3%의 질소로 구성되어 있다. 미국 일리노이대 해부학 교수 할리 먼센이 1980년대에 소개한 자료를 바탕으로, 이 물질들을 당시 화폐가치로 환산하면 89센트, 약 1000원 정도이다. 이를 물가상승을 적용해 현대의 가치로 넉넉히 환산해도 약 3만 원 정도의 가치밖에 안 된다.

그러나 이렇게 계산하면 인간의 가치가 너무 평가절하된 것 같아 슬프다 못해 우울하기까지 하다. 어찌 인간의 몸을 화학적 재료의 가치로 환산할 수 있을까?

좀 더 가치를 높여 보자.

현대 의학적 관점에서 기증 가능하고, 의학적 상품화 가치가 있는 인체 모든 장기의 몸값을 합하면 4,500만 달러, 약 500억 원의 가치가 나간다고 한다. 그나마 좀 기분이 괜찮다. 그러나 여전히 마음 한구석이 찜찜하다. 그렇다면 성경적 관점으로 돌아가 보자. 예수님은 사람의 가치에 대해 이런 말씀들을 해 주셨다.

> 36 사람이 만일 온 천하를 얻고도 자기 목숨을 잃으면 무엇이 유익하리요
> 37 사람이 무엇을 주고 자기 목숨과 바꾸겠느냐(막 8:36-37)
> 사람이 만일 온 천하를 얻고도 자기를 잃든지 빼앗기든지 하면 무엇이 유익하리요(눅 9:25)

예수님은 사람의 가치는 천하보나 귀하다고 설명해 주셨다. 세상에서 가장 고귀하고 값진 것이 생명이라고 정확하게 이야기해 주셨다. 성경은 사람의 가치는 천하보다 귀한 예수님의 몸값이라고 우리에게 이야기해 준다.

사람은 육과 영으로 지어진 존재이다.

하나님은 영이시다. 그분은 육으로나 보이는 형상으로 존재하지 않으신다. 반면 하나님께서 말씀으로 지으신 이땅의 모든 피조세계는 육으로 지음 받은 존재이다. 해, 달, 별, 산, 바다, 강, 나무, 숲, 각종 동

식물 모두는 모두 육으로 지음 받았다.

오직 사람만 육과 영으로 지어졌다.
그래서 사람은 육의 욕구와 영의 욕구를 충족해야 산다. 육을 위해 살아야 하고 또 영을 위해서 살아야 한다. 아무리 성령 충만하고 믿음이 좋은 사람도, 음식을 먹지 않으면 죽는다. 꾸준히 운동하지 않거나 철저히 몸 관리를 하지 않으면 쉽게 병들고 아프다. 병이 들었는데 적절한 치료를 받지 않으면 중환자가 되거나 심지어 죽을 수도 있다. 육을 관리하지 못하면 생명에 지장을 받고 삶의 질도 추락한다.

하나님께서 사람들의 건강한 육체를 유지시키시기 위해 만든 장치가 바로 '음식, 즉 먹는 메커니즘'이다. 하나님은 사람을 먹는 존재, 먹어야 사는 존재로 지으셨다. 성경에는 먹는 이야기가 많다. 유교병, 무교병, 만나와 메추라기, 반석의 샘, 기름병, 가나의 혼인잔치, 잔치 비유, 오병이어, 최후의 만찬 등 수많은 먹는 이야기들이 등장한다.

잘 먹는 일은 중요하다. 생명과 관계된 것이기 때문이다. 최근, 먹거리 강연으로 유명해진 충남대 이계호 교수는 어느 강연에서 이런 말을 했다.

100년 전 사과 1개의 철분을 섭취하려면 오늘날 사과 40개를 먹어야 합니다. 100년 동안 사람들이 사과의 당도와 빛깔을 개량하며 영양소를 파괴했기 때문입니다. 인류는 사과에 대한 값비싼 대가를 치른 것입니다.

충격적이었다. 100년 전 사과가 현대 사과의 40배 이상의 철분을 함유하고 있다면, 태초의 사과는 그야말로 보약 덩어리였을 것이다. 하나님은 태초에 모든 먹거리에 충분한 영양소, 엄청난 영양분을 설치해 놓으셨음이 분명하다.

좋은 음식을 잘 먹고, 규칙적으로 먹고, 골고루 먹고, 꾸준히 먹는 일은 중요하다. 제대로 먹고, 충분히 먹고, 맛있게 먹는 일은 매우 중요하다. 날마다 일용할 양식을 잘 먹어야 한다. 양식을 위해 열심히 땀 흘려 일해야 하고, 건강을 위해 좋은 음식을 먹어야 하며, 적당한 운동과 활동을 통해 몸의 건강을 지켜야 한다. 먹는 문제가 얼마나 중요한지는 하나님께서 창세기 1장부터 먹을 것에 대해 챙겨주시는 것을 보면 알 수 있다.

[29] 하나님이 이르시되 내가 온 지면의 씨 맺는 모든 채소와 씨가진 열매 맺는 모든 나무를 너희에게 주노니 너희의 먹을거리가 되리라 [30] 또 땅의 모든 짐승과 하늘의 모든 새와 생명이 있어 땅에 기는 모든 것에게는 내가 모든 푸른 풀을 먹을거리로 주노라 하시니 그대로 되니라(창 1:29-30)

예수님도 먹을 것을 보장해 주심을 확신 있게 말씀하시며 이렇게 당부하셨다.

무엇을 먹을까 무엇을 입을까 염려하지 말라!

동시에 예수님은 육과 영의 상관관계에 대해서도 정확히 알려주셨다.

사람이 떡으로만 살 것이 아니요 오직 하나님의 말씀으로 살 것이니라!

육의 몸을 그렇게 관리해야 하듯이 영의 몸을 위해서도 그렇게 해야 한다. 주님은 육의 생명을 위해 육의 양식을 먹는 것보다, 영적 생명을 위해 영의 양식인 말씀을 먹는 일이 훨씬 더 중요하다는 것을 사탄의 시험 과정에서 우리에게 알려주셨다.

말씀은 영의 양식이다. 하나님의 살아 있고 능력 있는 메시지가 사람의 영혼에 흡수될 때, 영혼은 생명력을 얻고 풍성하고 강건해지기 시작한다. 영의 양식을 안 먹으면 죽는다. 그 영이 죽는다. 영이 죽으면 육의 지배를 받기 시작한다. 영은 생명의 근원이 될 뿐만 아니라, 육체를 제어하고 다스리는 기능을 하기 때문이다.

건강한 영이 육을 다스리지 않으면 강한 육의 죄의 본성이 사람을 지배하기 시작한다. 영의 양식을 먹지 않아 영이 부실해지면, 죄가 육에 침투해 몸과 생각을 지배한다.

바울은 이 관계를 로마서에서 이렇게 기록했다.

[12] 그러므로 너희는 죄가 너희 죽을 몸을 지배하지 못하게 하여 몸의 사욕에 순종하지 말고 [13] 또한 너희 지체를 불의의 무기로 죄에게 내주지 말고 오직

너희 자신을 죽은 자 가운데서 다시 살아난 자 같이 하나님께 드리며 너희 지체를 의의 무기로 하나님께 드리라 **14** 죄가 너희를 주장하지 못하리니 이는 너희가 법 아래에 있지 아니하고 은혜 아래에 있음이라(롬 6:12-14)

5 육신을 따르는 자는 육신의 일을, 영을 따르는 자는 영의 일을 생각하나니 **6** 육신의 생각은 사망이요 영의 생각은 생명과 평안이니라 **7** 육신의 생각은 하나님과 원수가 되나니 이는 하나님의 법에 굴복하지 아니할 뿐 아니라 할 수도 없음이라(롬 8:5-7)

영이 약하면 죄에 오염된 육이 올라와 영과 육을 죄에 휘둘리게 한다. 영이 강하면 육체의 정욕을 제어하기가 가능하다. 사람은 흙 + 생기, 즉 육과 영으로 지음 받은 존재이기에 육과 영의 양식을 부지런히 공급하고 특별히 영의 양식을 풍족히 먹으며 살아야 한다.

나는 생령이다

사람은 생명 덩어리이다.
  그 구성이 하나님의 영, 하나님의 생기로 지음 받았기 때문이다. 사람 안에는 생명이 충만하며, 생명 에너지가 넘친다.

여호와 하나님이 땅의 흙으로 사람을 지으시고 생기를 그 코에 불어넣으시니 사람이 생령이 되니라(창 2:7)

그렇다면 '생명이 되었다. 생명이 있다.'라는 의미는 무엇일까?

생명의 첫 번째 특징은 '호흡'이다.

살아 있는 모든 생명은 호흡한다. 생명체는 호흡이라는 채움과 비움의 선순환 작용을 통해 생명을 유지한다. 호흡이 멈추면 생명도 멈춘다. 육의 생명이 코로 숨을 쉬어 호흡하는 것처럼, 영의 생명도 날마다 기도로 호흡해야 한다. 영적 호흡이 멈추면 살아 있지만 죽은 사람이다. 성경은 '쉬지 말고 기도하라.'고 말씀하셨다. 기도를 통해 영적 호흡을 유지하며 하나님과의 연결을 끊지 말아야 영적 생명이 유지되기 때문이다.

생명의 두 번째 특징은 부단한 '변화와 성장'이다.

모든 생명체는 성장과 발달의 특징을 갖는다. 발달이란 인간의 생명이 시작되는 수정의 순간에서부터 죽음에 이르기까지의 전 생애를 통해 나타나는 모든 변화의 양상과 그 과정이다. 발달이란 어떤 특징이 양적으로 증대되고, 기능이 유능해지며, 구조가 더 복잡해지는 긍정적 변화와 이와 반대인 부정적인 변화를 함께 포함한다.

발달은 성장(Growth)과 성숙(Maturation)이라는 두 개념이 통합된 것으로 일정한 방향을 가지며, 연속적 과정이지만 속도는 일정하지 않으며 개인차와 민감기가 있고 총체적으로 이루어진다.

개인의 발달이 이와 같이 일어나는 것처럼 인간에게는 영적 성숙과 발달의 과정도 있다. 믿음이 자라야 하고 인격이 자라야 하며 하나님과의 친밀함이 깊어져야 한다.

언어, 기도, 묵상의 깊이, 책임성, 말씀의 실천 능력, 인격, 성품, 인내, 자기 절제력 및 영적 능력이 발달하고 성숙해야 한다.

매일 매일 하나님을 닮아가야 하며, 하나님의 모양과 형상을 회복해야 한다. 오직 그리스도에게로 자라기까지 말이다.

생명의 세 번째 특징은 '재생산'이다.

생명은 생명을 잉태하고 재생산한다. 오직 생명체만 그렇다. 건강한 생명은 당대의 생명으로 그치지 않고, 다음 세대에 생명을 전수하는 재생산 활동을 한다.

생명이 생명을 낳는다. 아름다움이 아름다움을 낳고, 은혜가 은혜를, 믿음이 믿음을, 감사가 감사를, 기쁨이 기쁨을, 능력이 능력을 낳는다. 물론 부정적인 것, 즉 죄가 죄를, 분노가 분노를, 우울이 우울을, 부정이 부정을, 절망이 절망을 낳기도 한다.

영적 재생산도 그렇다.

영적 생명이 있는 사람이 영의 생명을 잉태하고, 영의 생명을 양육할 수 있다. 그리고 이때 생명을 잉태한 자와 잉태된 자 모두가 살아난다. 생명을 양육하면 잉태된 생명만 사는 것이 아니라 생명을 품은 모체 역시 강인한 생명력을 갖게 된다. 생명을 키우는 과정에서 강해지는 것은 말할 것도 없다. 한 영혼을 살리고 한 영혼을 양육하면 양육자도 살아난다. 전도하면 전도 받는 사람도 살지만, 전도하는 사람도 살아난다. 제자를 양육하면 제자도 살고 리더도 산다. 가나혼인 잔치에서 주님이 몰래 만들어 놓으신 최상품의 포도주 맛을 본 사람도 즐거웠지만, 그 잔치에서 가장 기뻐했을 사람은 누가 뭐래도 그 물을 떠다 준 하인들이다. 이들은 축복의 통로, 생명의 통로, 기적의 통로, 기쁨의 통로로 쓰임 받은 비밀을 간직한 자들이기 때문이다.

사람은 육과 영이 있는 호흡과 성장, 그리고 재생산 과정을 거쳐야 하는 생명체이다.

나는 '하나님의 형상과 모양을 따라 지음 받은 존재'이다

[26] 하나님이 이르시되 우리의 형상을 따라 우리의 모양대로 우리기 사람을 만들고 그들로 바다의 물고기와 하늘의 새와 가축과 온 땅과 땅에 기는 모든 것을 다스리게 하자 하시고 [27] 하나님이 자기 형상 곧 하나님의 형상대로 사람을 창조하시되 남자와 여자를 창조하시고(창 1:26-27)

하나님의 형상(image)과 모양(likeness)이라는 단어는 형상이(image, 첼램) '짜르다, 베다, 본뜨다'의 뜻을, 모양(likeness)이 ' ~와 비슷하다'의 뜻을 가진다. 즉, 사람이 하나님의 형상과 모양으로 지음 받았다는 말은 완전히 똑같지는 않지만 뭔가 상당히 비슷하고 서로 많이 닮은 존재로 지음 받았다는 이야기이다. 이 말은 곧 사람 안에 하나님의 형상이 있기 때문에 사람은 사람 스스로 다룰 수 없는 신비한 존재라는 말이다.

사람은 신비한 존재이다

내가 주께 감사하옴은 나를 지으심이 심히 기묘하심이라 주께서 하시는 일이 기이함을 내 영혼이 잘 아나이다(시 139:14)

하나님의 형상과 모양을 따라 지음 받았다는 말은 '사람은 스스로 다 알 수도 이해할 수도 통제할 수도 없다.'는 뜻이다. 하나님의 형상과 모양, 즉 신의 형상이 신비롭게 그 안에 숨어 있기 때문이다.

나는 이미 너에 대해 파악이 다 끝났어!
너는 내 손안에 있어!

이 말처럼 어리석고 무식한 말은 없다.
완벽한 자기 이해는 불가능하다. 완벽한 자기 통제 역시 그러하다. 사람은 자신의 감정을 완전히 통제할 수 없다. 자신의 욕구와 충동을 완벽히 통제할 수 없다. 하나님의 형상이 있는 신비한 존재이기 때문이다. 사람 안에는 사람이 통제할 수 없는 신비의 영역이 매우 많다. 브리스 브리스터(C.W. Brister)는 이러한 인간의 모순에 대해 다음과 같이 정리했다.

첫째, 인간은 자유의지, 책임과 상황이라는 한계를 지닌 존재이다.

둘째, 인간은 남성이면서 동시에 여성이다.

셋째, 인간은 죄인이면서 동시에 의인이다.

넷째, 인간은 보수적이면서도 변화를 원한다.

다섯째, 인간은 단순하면서도 무섭도록 복잡한 존재이다.

여섯째, 인간은 절대적 의존적 존재이면서, 또한 자율적인 존재이다.

나는 하나님의 소유이다

사람이 하나님의 모양과 형상으로 창조되었다는 말은 사람의 소유권이 자신에게 있지 않고, 사람을 창조한 창조주에게 그 소유권이 있다는 말이다.

> 야곱아 너를 창조하신 여호와께서 지금 말씀하시느니라 이스라엘아 너를 지으신 이가 말씀하시느니라 너는 두려워하지 말라 내가 너를 구속하였고 내가 너를 지명하여 불렀나니 너는 내 것이라(사 43:1)

심리학자들은 모든 사람들 안에 내면 아이가 있다고 말한다.

사람은 누구나 어린 시절에도 부모의 보호와 양육이 절대적으로 필요하지만, 건강한 성장과 성숙을 이루면 자기 결정권과 자기 책임성이 있는 독립된 성인이 된다. 얼핏 이제는 더 이상 좋은 부모가 필요 없는 듯 보이지만, 그렇지 않다. 모든 사람은 언제 어디서든 보호받고 지지받아야 할 내면의 어린아이가 있다. 어른들 역시 보호와 돌봄이 절대적으로 필요하다. 어른들 역시 인정받을 때 힘이 나고 격려와 칭찬 받을 때 힘이 난다. 화를 내면 기분이 상하고, 공격하면 두려워진다. 사람은 어린아이든 어른이든 보호와 인도와 돌봄이 절대적으로 필요하다. 모든 사람에게는 엄마가 필요하다. 모든 사람에게는 절대적인 보호자 하나님 아버지가 필요하다. 좋으신 아버지 하나님이 사람들을 찾아오셔서 이렇게 말씀하신다.

너는 두려워하지 말라 내가 너를 구속하였고 내가 너를 지명하여 불렀나니
너는 내 것이라

건강한 나를 지키고 건강한 나를 가꾸기 위해서는 하나님 안에 머물러야 한다. 사람은 하나님의 다스림을 받아야 건강하고 행복하게 살 수 있다.

밴쿠버에서 목회를 할 때, 당시 밴쿠버 사회에 충격을 주었던 한국 기러기 아버지들의 교통사고가 있었다. 밴쿠버에 자녀 유학을 둔 기러기 아버지 5명이 저녁에 만나 술자리를 함께했다. 새벽까지 이어진 모임을 마친 후, 5명이 함께 BMW 자동차로 귀가하던 중 1번 국도에 세워져 있는 공사용 차량 덤프트럭을 들이받아 사망한 사고였다. 사고 원인은 음주 운전이었다. 취기 가운데 있던 운전자가 어두운 밤에 세워진 덤프트럭을 발견하지 못한 채 정면충돌하여 참극이 벌어진 것이다. 성능 좋은 자동차를 운전하는 것보다 중요한 것은 '그 좋은

차의 핸들을 누가 잡고 운전하는가?'이다. 좋은 차를 몰아도 음주 운전자가 핸들을 잡으면 대형사고가 난다.

사람은 하나님의 소유이다. 그러므로 하나님의 다스림을 받아야 안전하다. 지금 당신의 삶을 누가 운전하는가? 누가 조정하는가? 아무리 똑똑하고 지식이 다양하고 경험이 많고 유능한 사람일지라도 그 인생은 하나님께 다스림을 받아야 한다. 모든 사람은 하나님의 소유이기 때문이다.

나는 하나님과 비슷한 부분이 상당히 많다

사람이 하나님의 형상과 모양으로 지음 받았다는 말씀은 사람이 하나님과 비슷한 부분이 매우 많다는 뜻이다. 물론, 하나님과 사람은 비교가 불가할 정도의 엄청난 차이가 난다. 신과 사람, 영적 존재와 영과 육의 존재의 차이는 이루 말할 수 없이 크다. 그렇지만 그럼에도 사람은 창조주가 창조한 그 어떤 피조물보다 가장 창조주와 유사한 존재라는 의미이다. 이 부분은 우리에게 매우 큰 기대감을 안겨준다. 그렇다면 하나님과 사람은 어떤 면에서 비슷한 부분이 많을까?

나는 사랑하고 사랑받는 존재이다

> 하나님이 자기 형상 곧 하나님의 형상대로 사람을 창조하시되 남자와 여자를 창조하시고(창 1:27)

사람이 하나님의 모양과 형상으로 지음 받았다는 말은, 사람은 삼위일체 하나님과 같은 관계적 존재라는 의미이다. 즉, 서로와의 관계, 만남, 대화, 연합, 친밀을 통해 상호 협동과 협조의 삶을 사는 인격적이고 영적인 존재라는 뜻이다. 사람은 피조물일 뿐만 아니라 동시에 인격체이다. 서로 동반자적 관계가 필요한 존재하며 만남이 필요한 존재이다.

사람에게 '만남과 관계'가 얼마나 중요한지는 혼자 오래 있어 보면 안다. 만남 없는 인생처럼 고통스럽고 비극적인 것은 없다. 혼자는 외롭고 힘들다. 외로운 사람들은 술로, 흡연으로, 마약으로, 성(性)으로 그 자리를 대신한다. 순간은 채워질지 몰라도 채울수록 갈증만 더 난다. 따뜻한 인격적인 깊은 만남과 포근한 사랑의 주고받음으로 채워져야 한다. 사람은 행복한 관계의 존재로 지음 받았기 때문이다.

사람이 관계적인 존재라는 말은, 사랑하며 살도록 지음 받은 관계적 존재라는 뜻이다. 사랑이란 관계적 단어이기 때문이다.

[4] 사랑은 오래 참고 사랑은 온유하며 시기하지 아니하며 사랑은 자랑하지 아니하며 교만하지 아니하며 [5] 무례히 행하지 아니하며 자기의 유익을 구하지 아니하며 성내지 아니하며 악한 것을 생각하지 아니하며 [6] 불의를 기뻐하지 아니하며 진리와 함께 기뻐하고 [7] 모든 것을 참으며 모든 것을 믿으며 모든 것을 바라며 모든 것을 견디느니라(고전 13:4-7)

성경은 사랑이 어떤 현상이나 느낌이나 상태가 아니라, 그 사람 안에 존재하는 전인격적인 무엇임을 말한다. 인격이란 사람으로서의 품격이다. 인격을 평가할 수 있는 잣대가 관계성이다. 사람의 인격은 다른 사람을 상대할 때 적나라하게 드러난다. 그러므로 인격이란 관계성, 즉 관계의 수준과 격이다. 오래 참는 것, 온유한 것, 시기하지 않고, 자랑하지 않고, 교만하지 않고, 무례하지 않는 것은 모두 타인과의 관계에서 드러나는 인격과 성품이다.

> 무례히 행하지 아니하며 자기의 유익을 구하지 아니하며 성내지 아니하며 악한 것을 생각하지 아니하며

사람은 자기에게 몰입하고 자기에게 집중할 때 무례해진다. 타인이 자신의 시야와 생각에 들어오지 않으면 의도적이지 않지만 무례하게 된다. 무례의 반대는 예의, 즉 친절과 배려이다. 예의란 나보다 상대방을 의식하고 상대방을 존중하는 태도이다. 아이들은 시야가 좁다. 자기의 필요와 욕구에 집중하기 때문이다. 이기적인 사람들은 시야가 좁다. 항상 자기 자신에게 몰두하고 있기 때문이다. 모든 사고와 결정의 중심에 자기 욕구와 자기 집착이 있다. 이를 넘어서는 것이 사랑이다. 자기 몰두, 자기 집착을 넘어, 타인을 보고 타인의 마음을 읽고, 타인을 생각하여 타인을 배려하는 것이 사랑이다. 그래서 사랑하면 무례히 행하지 않게 된다.

사람은 사랑받기 위해 태어났으며 사랑하기 위해 태어났다. 사람은 사랑 덩어리 그 자체이신 하나님의 모양과 형상을 입은 피조물이다. 즉, 하나님의 모양과 형상의 핵심이 사랑이다. 하나님이 사랑이시며, 사람 역시 사랑이어야 한다. 하나님의 사랑을 입은 존재이기 때문이다. 그래서 사람 역시, 사랑 덩어리여야 한다. 사람에게 있어 사랑이란 인생의 모든 동기이고, 과정이며, 목적이고, 방법이며, 결과이고, 의미이어야 한다.

하나님은 사랑이시다. 그래서 사랑이란 하나님만큼 크고 무한하다. 그래서 사랑은 셀 수 없을 만큼 다양한 스펙트럼을 갖고 있다. 무궁무진한 새로운 얼굴을 하고 있다. 마치 거대한 우주처럼 말이다. 무한대의 우주보다 큰 사랑이기에, 사랑은 측량할 수도 없고 헤아릴 수도 없고, 추측하거나 예측할 수도 없고, 자기 마음대로 할 수가 없다. 그래서 사랑 역시 통제 불능, 이해 불가이다.

사랑에 대한 오만한 착각에서 속히 벗어나야 한다.

지금 사랑하고 있다고 해서 완벽한 사랑을 하고 있는 것은 아니다.

지금 내가 사랑을 하고 있다고 해서, 사랑을 다 아는 것이 아니다.

지금 공부 하고 있다고 공부를 다 아는 것이 아닌 것처럼 말이다. 나는 지금 나를 알고 가족을 알고 서울을 알고 한국을 알고 있다. 이미 알고 있고, 잘 알고 있다. 하지만, 다 알고 있지는 못하다. 아는 게 아는 게 아니다. 사실, 모르는 면이 훨씬 더 많다. 아는 것과 모든 것을 아는 것은 구별되어야 한다.

사랑 역시 마찬가지이다.

사랑을 하고 있고, 사랑을 해 보았고, 앞으로도 사랑할 것이지만, 사랑을 다 아는 것은 아니다. 아니 사랑에 대해 조금 알 뿐이다. 사랑은 너무나도 엄청나고 위대하고 놀라우며 상상 이상으로 큰 것이기 때문이다.

그러기에 사랑 앞에서 겸손해야 한다. 사랑을 우습게 여기면 위험한 일이 생길 것이다. 사랑에 대해 자신만만한 사람처럼 어리석은 사람은 없다. 사람과 사랑을 통제하고 조종할 수 있다고 생각하는 사람처럼 위험한 사람은 없다. 사랑 앞에 두려워해야 한다. 떨리는 마음으로 사랑을 시작하고 사랑을 배우고 사랑을 훈련해야 한다.

하나님이 사랑이시기 때문이다.

나에게는 사명이 있다

> 하나님이 그들에게 복을 주시며 하나님이 그들에게 이르시되 생육하고 번성하여 땅에 충만하라, 땅을 정복하라, 바다의 물고기와 하늘의 새와 땅에 움직이는 모든 생물을 다스리라 하시니라(창 1:28)

사람에게 있어 사랑과 더불어 쌍벽을 이루는 또 하나의 중요한 주제는 '일, 즉 사명'이다. 사람은 일할 때 행복하다. 그냥 행복한 것이 아니라 가장 행복하다. 하고 싶고, 할 수 있고, 잘할 수 있는 바로 그 일을 하고 있을 때 가장 행복하다. 이런 일을 '사명'이라 한다. 사람은 사명을 받을 때 행복하고 사명의 자리로 나갈 때 행복하며 그 사명을 완수하기 위해 쓰임 받을 때 행복해진다.

일, 사명에는 종류가 있다. 잘하는 일과 못하는 일, 좋아하는 일과 좋아하지 않는 일, 해야 하는 일과 하기 싫은 일이 있다. 잘하는데, 하고 싶지 않은 일이 있다. 해야 하는데 하기 싫은 일도 있다. 반면 하고 싶은데 잘 못하는 일도 있다. 일은 다양하며, 일에 따른 직업과 업종도 다양하며, 그 일을 맡아 처리하는 사람 역시 다양하다.

[27] 하나님이 자기 형상 곧 하나님의 형상대로 사람을 창조하시되 남자와 여자를 창조하시고 [28] 하나님이 그들에게 복을 주시며 하나님이 그들에게 이르시되 생육하고 번성하여 땅에 충만하라, 땅을 정복하라, 바다의 물고기와 하늘의 새와 땅에 움직이는 모든 생물을 다스리라 하시니라

하나님은 태초에 사람에게 사명을 허락하셨다. 하나님이 태초에 사람에게 부여해 주신 사명이다.

생육하라, 번성하라, 충만하라, 정복하라, 다스리라.

이 다섯 가지 명령어의 공통점은 모두 '생명'과 관계가 있다. 즉, 하나님께서 태초에 사람에게 부여하신 사명은 사람의 생명을 잉태하고, 그 생명을 양육하고 돌보며 다스리고 확장시키는 역할이었다.

여기서 우리는 직업 선택에 가장 중요한 핵심을 발견하게 된다.

직장을 선택할 때 무엇을 고려해야 하는가? 연봉도 중요하고, 근무 조건도 중요하고, 장래성도 중요하고, 지역도 보아야 한다. 그러나 직장을 선택할 때 반드시 고려해야 하는 점은 '생명과 관계되는 일인가?'에 관한 것이다. 그 일이 어떤 일이든 생명과 관계있을 때, 그 직장은 가장 가치 있고 의미 있다. 사람을 살리고, 사람을 돕고, 사람을 격려하고, 사람을 세워주는 그 어떤 일들이, 사람으로서 기본적으로 해야 하는 일이며, 동시에 반드시 해야 하는 일이다. 그리고 이 일을 할 때 사람은 신나고, 힘이 나며, 보람되고, 가장 행복하다.

나는 심히 아름다운 존재이다

하나님이 지으신 그 모든 것을 보시니 보시기에 심히 좋았더라 저녁이 되고 아침이 되니 이는 여섯째 날이니라(창 1:31)

사람은 하나님 보시기에 심히 좋은 존재이다.

하나님께서 보실 때, 보시기에 좋았다면 정말 좋은 것이다. 더군다나 그분이 심히 좋으셨다고 말씀하셨다면, 정말 좋은 것이다. 하나님이 보시기에도 좋았던 존재, 전능자가 판단하기에도 놀라우리만큼 아름답고 멋지고 탁월한 존재, 그가 바로 사람이요, 당신이다.

'사랑하면 세상이 아름다워진다.'는 말이 있다.

지금 세상이 아름다워 보이는 이유는 지금 당신이 사랑하고 있기 때문이다.

지금 당신 자신이 아름다운 이유, 역시 지금 당신이 사랑하고 있기 때문이다.

하나님이 그 지으신 사람을 보고 심히 좋으셨던 이유는, 지금 그분이 당신을 사랑하고 계시기 때문이다.

사랑하면 노예가 된다.

사랑하면 분별력을 상실한다. 그 대상에 푹 빠져 버린다. 사랑하면 무조건 좋다. 갓난아이가 조금의 배냇짓만해도, 엄마 아빠들은 뒤로 넘어간다. 너무 행복하기 때문이다. 사랑하는 연인의 짧은 문자 메시지만 받아도 가슴이 방망이질 해댄다. 너무 좋아하기 때문이다. 사랑하면 뭘 해도 아름다우며, 어떻게 해도 기쁘고 행복하다.

우리의 작은 신음에도 응답하시는 사랑의 하나님은 지금 나와 당신에게 관심이 많으시다. 아니, 관심을 넘어 이미 푹 빠지셨다. 너무도 열렬히 사랑하고 계시다. 좋아서 어쩔 줄 모르시며, 기쁨을 이기지 못하신다. 그 엄청난 분이 지금 나와의 만남을 원하신다. 그것도 간절히 말이다. 이미 만나고 계시면서도, 더 가까이 다가오고 싶어 하신다. 눈길을 다른 곳으로 돌리지 않으신다. 한 번 잡으신 그 손을 절대 놓으시지 않는다. 그래서 기대가 된다. 우리가 하나님의 사랑과 관심을 한 몸에 받는 위대한 존재이기 때문이다.

그래서 당신이 좋다.
그래서 하나님의 사람들이 좋다.
그래서 당신은 아름답다.
그래서 당신은 아름답고 소중한 하나님의 사람이다.

메시지 안에 다 있다

하나님은 그 위대한 창조의 계획을 다시 회복하시기 위해 오늘도 우리에게 메시지를 보내신다. 사랑의 메시지, 언약의 메시지, 회복의 메시지, 치유의 메시지, 지혜의 메시지들을 말이다.

하나님의 메시지에는 생명이 가득하다.
하나님의 메시지 안에는 사랑과 기쁨이 충만하다.
그래서 그 메시지를 받으면 흥분을 감출 수 없다.
그 메시지가 이끌기 시작하면 멈출 수 없다.
그 메시지가 임할 때 가만히 있을 수 없다.
사람은 하나님의 메시지에 반응하도록 지음 받았기 때문이다.
하나님은 메시지를 보낼 때 메신저를 사용하신다.
어떤 SNS보다 강력하고 탁월하고 효과적이고 감동적인 메신저를 보내신다.
하나님의 사람, 하나님의 자연만물, 하나님의 시간, 하나님의 음악,

하나님의 리듬, 하나님의 색채를 통해서 보내신다.

하나님은 놀라운 예술가이시며, 용맹한 장군이시며, 탁월한 전략가이시며, 맛있는 밥을 차려주시는 포근한 엄마이시다.

그 위대한 하나님의 살아 있는 메시지를 향해 눈을 높이 들라! 그리고 그 놀라운 메시지의 은총과 감동을 마음껏 누리며 하나님과 친밀한 교제를 이루라.

메시지 안에 답이 있다.

메시지 안에 테라피가 있다.

메시지 안에 모든 것이 다 있다.

에필로그

성경의 말씀 만큼 역동적인 책이 또 있을까?

성경 말씀이 역동적인 이유는 그 안에 생명의 영이 흐르는 생명책이기 때문이다.

성경은 지혜의 영, 생명의 영, 거룩과 정결의 영, 회복의 영이신 성령님의 감동으로 기록된 책이며, 읽고 듣고 묵상하고 적용하려는 사람들의 삶을 혁명적으로 변화시킬 수 있는 생명의 책이다.

교회 공동체는 예방 차원과 치유 차원에서 성도의 상처와 아픔을 이해하고 수용할 수 있는 다양한 목회 돌봄의 통로를 확보해야 한다. 그런 면에서 메시지 테라피는 목회자들과 사역자들이 목회 현장에서 쉽게 배우고 응용할 수 있는 새로운 목회방법론 중의 하나이다.

'말씀', 즉 인간을 향해 선물로 부여하신 하나님의 메시지(the Message)란 교회 안에서 시행되는 말씀의 선포와 성경공부의 현장을 넘어 훨씬 크고 방대한 영역에서 적용 가능한 무한의 자원이다.

깊고 짙은 어둠의 세상일수록 작은 불빛도 큰 희망과 도움이 될 수 있다.

시대가 어둡고 고통이 많으면 많을수록 참된 하늘의 양식인 진리의 '말씀' 곧 하나님이 메시지(the Message)는 더욱 빛을 발하게 될 것이다. 하나님께 기반을 둔 살아 있는 메시지(the Message)가 교회 공동체와 준비된 목회자들을 통해 아름답게 회복될 때, 한국 교회와 한국 사회는 새로운 희망과 큰 위로를 얻게 될 것을 확신한다.

메시지 테라피

지은이	공진수

2015년 12월 18일 1판 1쇄 펴냄

펴낸곳	도서출판 예수전도단
출판 등록	1989년 2월 24일(제2-761호)
주소	경기도 고양시 일산동구 호수로 340-11, 301호(백석동)
전화	031-901-9812 · 팩스 031-908-9986
전자우편	publ@ywam.co.kr
홈페이지	www.ywampubl.com

ISBN 978-89-5536-493-4

책값은 뒤표지에 있습니다.
잘못된 책은 바꾸어 드립니다.